ネガティブでも開運する神社参拝

神様パワーのいただき方

メンタルコーチ MACO

×

社会心理学者 八木龍平

日本文芸社

MACO&
リュウ博士の
神社参拝八カ条

第一条◆神様にすがらない、宣言する。

第二条◆神様から「お役目」をいただく。

第三条◆ネガティブな感情は出し切る。

第四条◆神様の前では、素直な自分になる。

第五条◆体を緩ませ、構えないこと。

第六条◆頭を深く下げて神様に感謝する。

第七条◆祀《まつ》られている神様について調べておく。

第八条◆心が折れたときこそ神社に行く。

プロローグ

女性性と男性性のエネルギー循環で幸せになる

八木龍平

リュウ博士《はかせ》こと、八木龍平と申します。神社や直感をテーマに講演や執筆、神社のお散歩イベントをしています。このたびメンタルコーチのMACOさんと対談本を出版できたこと、たいへん光栄に思っています。

「対談本を出しませんか?」

私のほうからMACOさんにお声がけしました。「神社」がテーマだけに、専門外であるとご心配されたのでしょう。「いえいえ、私なんて」と遠慮されておられましたが(嫌がっていたわけではない↑と思いたい!)、ぜひに、とお願いしました。

それは神社だけでなく、物事に対するアプローチに、MACOさんと私とで共通するものを感じたからです。具体的には科学と見えない世界のバランスを取っていること。二人とも大学・大学院で人よりも長く学んでおり、学校教育にも携《たずさ》わってきました。

そんなアカデミックな知識を背景に持ちながら、潜在意識や引き寄せ、そして本書のテーマである神社なども探究しました。科学の理論と、スピリチュアルな実践の両輪を合わせもつのが二人の共通点です。

対談形式で本をつくるのは初めての経験でしたが、対談にあたって意図したのは女性性と男性性の循環でした。

女性性と男性性の違いをひとことで言うと、「上から下へ広がり、全体をうるおせるエネルギーが女性性、下から上へ登り詰めるエネルギーが男性性」。

女性性は、意識の内面を探究するのが得意です。潜在意識の底に下りて自身の本音に気づきます。創造の源《みなもと》になる深い本音です。他力を受け入れる、与える、新しい何かを生み出すエネルギーです。

一方、男性性は意識の外側、つまり物質的な意味での現実世界を探検するのが得意です。自力で競争・成長し獲得することです。目標を達成する、認める、トップを目

指すエネルギーです。

立場が上になるほど下に広がる女性性が必要ですが、出世するには上へ登る男性性が必要です。難しいですね（苦笑）。

男性性だけでは、いつかは行き詰まるし、いくら獲得しても、深い本音に基づいた繁栄ではないので、幸せになれません。女性性だけでも、与えることや想像は得意ですが、実現力がとぼしいです。

だから「下から上」「上から下」両方のエネルギーを循環させるのが理想ですが、その循環をアシストする貴重な神社があります。私の妻・紗弥佳《さやか》が長崎県の壱岐《いき》島に移住して知ったのですが、壱岐島の男嶽《おんだけ》神社と女嶽《めんだけ》神社です。両神社には、方位磁石が正常には働かない「ゼロ磁場」と呼ばれる大きな岩があります。

女嶽神社のご神体でゼロ磁場の巣食石《すくひいし》にたどり着くには、ダムのほとりにある入り口から坂を「下り」ます。

一方、男嶽神社は男岳《おんだけ》という山にあり、かなり坂を「上り」ます。男岳は明治時代まで一般の入山は禁止だったほどの聖域で、拝殿裏にあるご神体の岩がゼロ磁場です。男嶽神社と女嶽神社、両方に参拝すると、女性性と男性性の循環エネルギーを、感覚として体験できるでしょう。単純に両方の神社を参拝すれば良いのです。

「他に無いの？」と問われそうですが、「下り」、すなわち女性性のエネルギーをあらわす神社は非常に少ない。

私の知る限りでは、出雲大社、鵜戸《うど》神宮（宮崎県）、江島《えのしま》神社（神奈川県）の最奥にある岩屋、あとは沖縄の普天間宮《ふてんまぐう》洞窟くらいです。まして女性性・男性性のセットとなると、男嶽神社・女嶽神社しか知りません。

この対談本でも、両性のエネルギー循環を意図しました。神社参拝や感情の処理を切り口に、読者の皆様に、女性性・男性性の循環が起こりやすいようお話ししているのです。幸せに繁栄するエネルギー、全体と調和し自分も周りも共に幸せになる循環です。この循環の輪に、あなたも参加しませんか？　しますよね？　ね!?（笑）。

神社の神様は願いを叶えるエネルギーをくれる

MACO

こんにちは、MACOと言います。私はブログや書籍の執筆・講演活動等を通して、人生を創造的に楽しく生きるヒントやコツをお伝えしております。

これまでに多くの書籍を出させていただいておりますが、今回は私にとって初めてのスタイルである対談本の出版となりました。テーマが神社ということで、私自身はその専門家ではないという認識から、最初のお話をいただいたときには、「なぜに私!?」と躊躇《ちゅうちょ》したのですが(笑)。

しかし、これまで何度も楽しい神社イベントや、コラボ講演会でご一緒させていただいているリュウ博士との対談本であるということや、私が前職を辞めてこの仕事に入るとき、ある神社に決意宣言をしに行ってから、現実が望むほうへ大きく変化していった、ということを改めて思い出し、やらせていただこうと決めました。

それから、昨年海外に旅に出たときに、「来年以降は、あなたは今までと違う本の書き方もしていくようになる」という、ある予言をもらっていたことも思い出し（笑）、「あの時の話は、もしやこれのことだったのかな？」とも思ったのです。今回の対談を通じて、私なりの神様考、神社参拝考というのを楽しくお伝えできればと思います。

私は自分の読者様にいつも、まず私たちの「意識」が現実創造の元です、と伝えているのですが、意識とは、要するに気持ちのエネルギーのことで、神社は、神々と私たちの「気」の共振が起きる場所です。神々と自分の気の結びをする場所が、神社だと思っています。

最近は、このことをブログなどで「神様や宇宙のエネルギーに同調する」と表現しているのですが、神様と気を結ぶというのは、神そのものの感覚になってみる、ということでもあります。

私は神社に行き、「ここで神のエネルギーに意識を合わせます」と意図したとき、心がとても清々《すがすが》しい感覚になります。新しい次元が目の前で突然開いていくような、内から外へ拡大するような豊かな気の広がりを感じるのが、神社の空間です。

私たちがワクワクと喜びで何かを生み出すときは、必ず豊かなエネルギーを感じているときです。神社ではそんなエネルギーにチューニングできる。だから、気持ちが落ちたとき、迷ったときに行ってもいい。ただ、私は「助けて！」というエネルギーのままで参拝するよりは、「今はちょっと落ち込んでいますが、これから変わりますので、どうぞ後押しをお願いします」という宣言をしてお参りしています。

この三次元で願いを叶《かな》えるには、もちろん意識のみでは無理です。心に何かを決めたら、次は行動が必要。その行動への、後押しのエネルギーをくれるのが神社の神様なのだと思っています。

いつだったかコラボ講演で、リュウ博士が体は「ご神体」というお話をされていたのですが、私も体のことはそのように思っています。そして意識（意図すること）は女性性で、肉体（実際に行動すること）が男性性。この両方が受け入れ合い溶け合うことで、目の前の現実がますます良きように進化する。自分たちの体（ご神体）をどんどん活躍させる時代が、この令和の時代だと思ってもいます。

神様はいつでも私たち全員に多くのものを与えたがっていると思います。

ネガティブでも開運する神社参拝　もくじ

MACO&リュウ博士の神社参拝八ヵ条……1

プロローグ

女性性と男性性のエネルギー循環で幸せになる
八木龍平……5

神社の神様は願いを叶えるエネルギーをくれる
MACO……9

第1章

神社参拝は、なぜすごい？

運を開き、新しい自分になれる

最近、神社によく行くようになったMACOさん……22
リュウ博士が神社に行きはじめたきっかけ……25
行きたいと思った神社が良い神社……32
神社参拝の王道「私の体を使ってください」……38
神社は新しい世界を開きに行く場所……43
「言挙げせず」という神道の考え方……49
神様は、あなたの中のサブパーソナリティ……54

第2章

MACO&リュウ博士流 感情の整理法

気持ちをチューニングしてゼロから始める

神様は人々の祈りでできている……60
気持ちをニュートラルにチューニングする……64
神社との縁、龍神様との縁……72
神道発祥の地、壱岐のおもしろさ……76
ペットボトルにも神様は降りる……79
相性の良い神社でエネルギーを感じる……83

第3章

ネガティブでも願いは叶う！

神様パワーのいただき方

神社に行くと、心の制限が取り払われる 92
神社参拝は想像以上のことが起きる開運法 97
何も考えないで「お役目」をいただく 101
悪態は心の本音。神社で悪態をついてもいい 106
ネガティブな感情を一旦出す 112
眠ることもヴァーチァルな神社参拝 116
自己嫌悪との付き合い方 121

豊かな「無駄」が成功につながる……123
神社では「本当の自分」になる……129
あなたも私も神様の一部……137
挫折をスタートにネガティブから始める……140
神様は勉強するものではない……147

第4章 神様に愛されるつながり方

神社参拝のキホン

構えないことでご利益を受け取る……158

お辞儀は感謝の心。体を緩めて敬意を示す……162
自分の気持ちを素直に表現する……167
神道は「感じる宗教」。快適なほうを選ぶ……171
正しいお賽銭の額ってあるの？……176
神様の前でカバンを下ろす理由……179
まず、どの神社にお参りをすればいい？……186
つながりを知ると神様から愛される……191

第5章

MACO&リュウ博士の超おおすめ神社

悩みに効く！　開運神社

恋愛・結婚にベストな東京大神宮……196
金運を上げるなら日本橋の小網神社……201
何かを始めたいときには、鹿島神宮……204
心が折れたときの氏神さん……207
心を静める出雲系。盛り上げる伊勢系……208
高みを目指す人には、秩父の三峯神社……214

内なる可能性を開く沖縄の御嶽……217

巻末付録

本書に登場する神社ガイド

本書掲載　全国神社　索引ＭＡＰ……222

第1章

神社参拝は、なぜすごい？

運を開き、新しい自分になれる

MACO

だから私は、神社には「進化します」「発展します」と宣言しに行くという感じでお参りするんです。

×

リュウ博士

さんざんな目にあった神様が、「のちの人には同じ目にあってほしくない」と深く後悔する気持ちがご神徳なのですね。

最近、神社によく行くようになったMACOさん

MACO　最近、ブロガーさんとのコラボイベントで神奈川県の江島《えのしま》神社※に「大人の遠足」ツアーに行ってきたんです。三〇人くらいで行きました。

リュウ博士《はかせ》（八木龍平）　江島神社は、かなり歩くでしょう。アップダウンもあって。

MACO　トータルで四時間くらいの行程で、道中の階段では私も含めみんなヒーヒー言っていましたね。でも、あっという間という印象でした。とにかくパワフルな神社ですね。

リュウ博士　江の島にある江島神社は、滋賀県の竹生島《ちくぶじま》神社※、広島県の嚴島《いつくしま》神社※と並ぶ日本三大弁財天《べんざいてん》の一つで、縁結びの神様でもありますね。

MACO　博士もツアーで行かれていますよね？

リュウ博士　ええ。僕のツアーでは、二〇人限定で連れていきました。

※巻末付録
「本書に登場する神社ガイド」
でも紹介しています。

MACO　たしかに、江島神社に三〇人で行ったのはにぎやかで楽しかったです。

リュウ博士　MACOさん、最近は神社によく行かれているようですね。

MACO　そうなんです。いろいろな神社にチョロチョロと一人で行っていますよ。

東京に住むようになって、神社の多さにびっくりしています。

リュウ博士　ウロウロしていると、すぐ神社に出くわすでしょう。それらは地元の人に愛されている神社ということですよ。

MACO　いまは日常生活のなかに神社が入り込んでいる。神社を感じながら生きている感じですね。

いま行きたいと思っているのが、広島県の因島《いんのしま》にある耳明《みみご》神社。※耳の病気を治して、人の話をよく聞けるようにしてくださる「耳の神様」なんです。耳の形をしたオブジェが飾ってあるんですよ。

ここに行って、私はどちらかといえば外の声というよりは自分の内なる声をしっかり聞けるようになります、と宣言しに行こうと思っています。

リュウ博士　宣言しに行く。いいですね。神社で宣言する、という考え方については

リュウ博士の一言

「祈り」は「意宣《いの》り」とも書くように、神社は宣言しに行く場所でもあります。

この後、話に出ると思いますが。

MACOさん、なかなか神社生活に入っていますね。

MACO　でも、ブログなどで神社の話をすると、MACOさんのイメージにはないというお声もいただくんです。

どこか、「神社＝あやしいもの」と思われるようなんです。

とは言っても、私はリュウ博士のように知識があるわけではありませんから。日常生活としてお参りしているだけなんです。だから、神社の話ばかりするようになる、ということはないんですけどね。

神社というと、何か近寄りがたいとか、あやしいというイメージがある人は多い。でも、「私たちは見えないものから生まれている」ということを伝えている立場としては、神社を否定するというのは自分のルーツを否定するようなもの……とも感じます。

リュウ博士　なるほど。この対談で、そのあたりのイメージも覆《くつがえ》せたらいいですよね。

リュウ博士が神社に行きはじめたきっかけ

MACO　リュウ博士はどうして神社に行くようになったんですか？

リュウ博士　僕が神社に行き始めたというか、きっかけ以前の話があるんです。八木龍平という僕の名前は本名なんだけど、由来があって、うちの母親が妊娠中に白い龍を夢に見たと言うんです。正確に言うと白蛇ですね。

MACO　それはすごいですね。

リュウ博士　巨大な白蛇が、家に現れるという夢。それが一つのきっかけで「龍」という字を名前に入れたいと思ったみたいですね。

それで占い師さんに、龍が入った名前でどういうのがいいでしょうと相談した。最初は、「龍馬なんてどうですか」と尋ねたら、占い師さんは「それは名前が強すぎる」と。龍と馬、両方とも強い字だから、もう一つは穏やかな字を入れましょうということになった。

それで、平和の「平」を入れて龍平になったと聞いていますね。

おもしろいのが、有名な龍神様に八大龍王《はちだいりゅうおう》というのがいます。字面《じづら》がそっくりだと思いませんか？「八木龍平」と「八大龍王」。だから、子どもの頃は不思議でした。最初、自分の名前が神社に祀《まつ》られていると思って（笑）。

MACO その八大龍王神社はどちらに？

リュウ博士 たまたまクルマで父親に連れられて行って見かけたというだけで、場所ははっきりとはわからないです。八大龍王神社はあちこちにありますからね。

MACO 熊本県にもありますよね。宇宙最高の神がお祀《まつ》りしてあるという。

リュウ博士 そう、菊池市の神龍八大龍王神社※は有名です。八大龍王は仏法の守護神とされ、ここも貴重な「下る」女性性エネルギーの神社です。

ほかにも、宮崎県高千穂《たかちほ》の八大龍王水神※も有名ですね。雨乞いや治水など、水の神様なんです。

MACO 高千穂といえば、天孫降臨《てんそんこうりん》でも有名ですよね。

リュウ博士　そうです。天照大御神《アマテラスオオミカミ》の命を受けて、ニニギノミコトが五柱の神様を従えて、三種の神器を持って地上に降り立った。それがこの高千穂です。

高千穂の八大龍王水神は、本当に知る人ぞ知る神社です。巨人軍のV9を達成した川上哲治《かわかみてつはる》監督が、宮崎キャンプの最中に抜け出して八大龍王水神にこっそり参拝をしに行ったんだそうです。それで九年連続日本一になった。

以来、野球選手の間ではとても有名で、長嶋茂雄《ながしましげお》監督も参拝に行きましたし、ソフトバンクの内山聖一《うちやませいいち》選手とか、ソフトバンクから巨人に移った杉内俊哉《すぎうちとしや》選手も行っている。

でも、宮崎のキャンプ地から高千穂の八大龍王水神まではクルマで四時間くらいかかるんですよ。だから、それだけ熱心な、本気の祈願なんですよね。

MACO　スポーツ選手は、願掛けみたいなことはよくされるんでしょうか。

リュウ博士　それはあると思います。スポーツ選手に限らず、その分野で有名な方が神社へ行って結果を出したら、やはり後に続きたくなるでしょう。

ＭＡＣＯさんの読者だって、きっとＭＡＣＯさんの行った神社を追いかけている人はいると思いますよ。

MACO　そうですね。たしかに、「私も行きました」というメッセージはたまにいただきます。

たとえば、私が行った石川県の白山比咩神社《しらやまひめじんじゃ》※には、読者の方が何人か行かれたみたいです。「旅行がてら行ってきます」って。ちょっと交通の便がよくない場所なんですが、せっかくだから一泊して、金沢観光も兼ねて、みたいな感じで。

リュウ博士　石川県の白山市《はくさん》ですね。

MACO　すごい山の上で。電車で行って、終点からはクルマで行きました。

リュウ博士　北陸鉄道の鶴来《つるぎ》という駅まで行くんですよ。そこから、徒歩だと二五分ぐらいかかる。

あそこは、鶴来駅の近くに、まず金劔宮《きんけんぐう》※という日本三大金運神社の一つがある（あとの二つは、山梨県の新屋山《あらやま》神社※、千葉県の安房《あわ》神社※）。そこと白山比咩《しらやまひめ》神社、両方に行けるんです。都市部からはなかなか遠いけれども、そのかわり一粒で二度おいしいところなんです。

MACO　白山比咩神社は全国にある白山神社の総本山ですし。あそこは本当にいい神社ですね。

リュウ博士　それで、僕が神社に行きはじめたきっかけの話に戻るんですが。

僕の場合、最初は神社ではなく、お寺なんです。川崎大師《かわさきだいし》に行ったのが最初に興味を持ったきっかけ。

川崎大師というと厄除《やくよ》けで有名なところです。ここのお堂で、エネルギーを感じた。それで、「あっ、神社仏閣ってこういう氣があるからみんな、ここに来ているんだ」と。いままで気がつかなかったけれども、そういうエネルギーがあるんだとわかるようになって。それでおもしろくなったわけなんです。

MACO　それはいつ頃のことですか？

リュウ博士　二〇〇七年の五月ですね。

僕はそのとき、氣のトレーニングをしていたんです。レイキヒーリングっていう氣のトレーニングを学んでいて、それで氣というものが体感としてわかるようになった。

そのとき、セミナー中に先生が突然、「みんな、ちょっと川崎大師に行ってきな」

リュウ博士の一言
「神仏習合《しんぶつしゅうごう》」と言い、古来より日本人は神道と仏教を両方実践してきました。ご縁があればお寺にも参拝しましょう。

と言うわけですよ。もうニコニコッとしながら（笑）。

どうやらハプニングが起こっていたようで、その先生のところに「急患」というか、体の不調を訴えてきた方がいて、その対応をしなくてはいけない。でもセミナー中だから僕ら生徒をどうすればいいのか。そこで「川崎大師に行ってきな」と、もう何事もなかったかのように言うわけです。

それで三人ぐらいで川崎大師に行って、みんなエネルギーを感じた。「あっ、あるね」「氣があるね」って盛り上がったわけですよ。

それから、これまたお寺ですが、京都の鞍馬寺《くらまでら》に行って、「パワースポットってこういうものなんだ」というのを実感した。鞍馬寺にはレイキヒーリングを創始した臼井甕男《うすいみかお》という人が、二一日間にわたって断食、瞑想して、それで霊気に目覚めた、という伝説があるんです。

そこに遠足に行くんですが、ものすごく山に登るんです。奥の院まで行って、それから貴船《きふね》神社※へ行って。「これは絶対、明日は筋肉痛だよ。えらいことになるわ」と思っていたら、筋肉痛が起こらなかった。「あっ、これがパワースポットなんだ」と、すごく感動したんです。

その感動をブログにも書いたら、「私、行ったけど筋肉痛になりました」という人もいたので、どうやらみんながみんな、筋肉痛にならないわけではなさそうなんだけど（笑）。でも、驚いたんですよね。それから、はまりました。

鞍馬山には、金堂《こんどう》という本殿があるんです。本殿までロープウェイで行くのは楽です。ここで帰っちゃう人が多い。でも、ここから棒をもって山道に踏み入る。するとがらっと変わりますね。どう言えばいいんでしょう、感覚としては静かになる。

実は、白山比咩神社に行ったときも僕はそうだったんですが、急に音が消えるんです。**「いままでいた世界とは違う次元の世界に入ったんだな」というのが体感としてわかるんですよね。おそらく、MACOさん的に言うと、周波数が変わる、ということでしょうか。**

そこでお祈りをすると、そこの世界にいた人たちとの間で目に見えないコンタクトがいっぱい起こるし、そこで修行した人たちの知恵とかを自然と身につけるんじゃないか。

だから鞍馬では最澄《さいちょう》さん、伝教大師《でんぎょうだいし》が修行したんですね。源義経《みなもとのよしつね》もそうです。

MACO　何かが変わる、という感覚はよくわかります。

リュウ博士　けっこう多くの人が感じますよね。それこそ伊勢神宮《いせじんぐう》*にお参りして、「やっぱり伊勢神宮は違いますね」と言う人は多いですよ。あれだけ観光客がいっぱいいる場所でもね。

行きたいと思った神社が良い神社

リュウ博士　MACOさんは、どんな神社がいい神社だと思います？

MACO　どの神社もすべて、いいんだと思うんですけどね。働きはそれぞれ違う神様がいらっしゃって。

白山比咩神社は起業のときに――前の仕事を辞めて一人でやっていく、っていうときに宣言をしに行った神社なんです。ここに祀られている菊理媛《ククリヒメ》様というお姫さまのパワーが強くて、縁結びで有名なのですが。

私にとっては縁結びよりも、「もうあなたにこれは要《い》らないよ」という縁を、ザクッと切ってくれる感じがすごくあります。

リュウ博士　縁切り。

MACO　そうですね。強いお姫様、神様だと思っているんです。

だから、白山比咩神社にはいまでも行きますよ。定期的にというか、「行こうかな」という気になったときに行きますね。「結ぶ」というよりは要らないものを全部、切ってくれる。

自分が残している執着というか、恐れというか、そういうものからつながっている人の縁とかも含めて、ザクザク切ってくれる。

リュウ博士　過去と決別して未来を見るきっかけということですね。それはわかります。

MACO　時代が平成から令和に変わって、新しい時代が始まるというこのタイミングで、菊理媛様の働きはまさにいま、強くなっている気がします。私が勝手に思っているだけなんですけどね。

行くところ行くところ、神社は全部、何かを感じますね。それぞれの神様の働きを意識しだしてから、どこへ行っても感動できるようになりました。

感動といっても、「わーっ」という熱狂的な感じではなく、じわっと感じる。「ああ、来てよかったな」とか、「また来たいな」とか。だから、どこかに特別すごい神社があって、一方ではそうではない神社もあるわけではなくて、それぞれの素晴らしさがある。

もちろん、巷《ちまた》でいいと言われる神社はありますよ。評判が高くて、観光客がたくさん集まるような神社です。一方で、普段はあまり参拝する人がいないような神社もある。

でも、どちらの神社にもちゃんと神様の働きや役割がある。だから私はどちらも同じような感じでお参りしています。

行きたくなったところに行っているんです。そういう意味では、すべての神社が素晴らしいなと思います。

私は「裏神社」と言っているんですけど――「裏」っていう表現は、よくないかもしれませんが――多くの人には知られていない、人があまり行かないような、「そんな神社があったんだ」というような神社にもよく行きますよ。

リュウ博士　有名な神社は、言ってみれば「みんなの神社」ですよね。小さな、あまり人の行かない神社って、「私の神社」という感じがありませんか。

MACO　そういう感じはありますね。「見つけちゃった」みたいな。ちょっと優越感じゃないですけど。

リュウ博士　そう、そう。そういう神社は、あんまり人と共有するような神社じゃない。

MACO　だから、「どこの神社に参拝しますか」とよく聞かれるんですけど、「行きたいな」と思ったところに行っちゃうんですよね。

リュウ博士　まあ、そうですよね。

MACO　よく言われている言い方だと、「行きたくなったところには縁がある」。あるいは「呼ばれている」。

行きたくなったところに行くということは、神社と相思相愛というか、エネルギーが合うというサインだと思います。そういう自分の感覚を大事にして、遠かろうが何だろうが、行っちゃうんですよね。

行きたいなと思った神社なら、それが自分のいま住んでいるところから時間がかかる遠いところであっても、行ってしまいます。いまはそれが自由にできるようになった。

それは、お金も時間も自由にならなかった頃に、白山比咩神社で「自由になります」と宣言をして、実際にいま、そうなっているんです。

その時は、「いまはお金も時間もありません」ということを正直に自分で感じて、「でも、そこは楽しみながら進化します」と宣言したんですね。

だから私は、神社には「進化します」「発展します」と宣言しに行くという感じで

お参りするんです。

リュウ博士　そこは仏教と違うところですね。神社はやっぱり進化・発展なんです。仏教だと、いま、この瞬間、幸せになるっていうことで進化・発展は考えない。

MACO　なるほど、そうなんですね。いまを感じること自体は、すごくするんですよ。いま、ここにいるって一番大事なことだから。ただ、「そこからもっといきいきと発展していきます」ということですね。

私がもともとそういうエネルギーの形なんでしょうね。本で書くことも、そういう感じになっちゃうし。私が伝えていること、伝えたい自分の哲学みたいなものも、そこに寄っているから。それがたぶん神社に宣言に行っているということにもつながっている。

でも、進化・発展と言ってもそんなにガツガツって意味じゃないですよ。

リュウ博士　いや、いや、わかっています。大丈夫です（笑）。

MACO　ありがとうございます（笑）。

リュウ博士の一言

仏「教」と違い、神「道」は「教え」ではない。だから、神道には絶対的な教祖も、教典もありません。

とはいえ、神社に自分から行きたくて行くようになったのは、まだ最近なんですよ。いままでは「行っといたほうがいいかな」とか、「仕事柄、行くべきかな」みたいな考えも残っていましたね。それが最近はまったくなくなって、行きたいときに行きたいところへ行く。行きたかったら一日に何カ所も回るときもあるし。だからいまは、神社への「一人遠足」がすごく楽しいですね。

神社参拝の王道「私の体を使ってください」

MACO　起業前に白山比咩神社に行ったときは、「私はこれでやっていきます」という自分の宣言をしました。

でも、いまはそうではなくて、「私の体を通じて多くの人を幸せにできる。私の体を提供しますので使ってください」っていう宣言をしているんです。

リュウ博士　もう自分の願いごとをしているわけではないと。

MACO　そうなんですよ。神社ではほとんど、個人的な願いごとはしなくなりましたね。

「この体を使ってください。それによって世の中全体がよくなって喜びに満ちますように」という意味でお参りする。「私はこれが欲しい」といったことはあまり言わなくなっちゃいました。

リュウ博士　でも、それが神社参拝の王道ですからね。「神様、世のため人のため、どうぞ私をお使いください」と言う。

願いを叶《かな》えるためには、自分の力＝自力と、他人の協力＝他力が必要です。**願いが大きくなればなるほど、たくさんの他者の協力が必要になる。そこで、誰かのための他力に自分がなる、ということなんです。**

MACO　そうですよね。これが王道だというのに最近、気がつきました。博士のブログでそういう意味のことをおっしゃっていて、「ああ、そうだ。私が感じているのと同じことだ」と思って。

リュウ博士　実は、神社で個人のお願いごとをするようになったのは第二次世界大戦後、アメリカの個人主義が入ってきてからなんです。

それまでは全体のためとか、共同体のために自分を使う、というのが神社で祈願することだったんですよね。でも、いまは個人が主体の世の中になったから、自分のお願いごとをするのが普通になった。

MACO　自分のお願いごとをするのが悪いわけじゃないと思うんですけどね。

リュウ博士　もちろん。

MACO　だけど、全体の中には個人も入っていますよね。だから、全体がよくなれば、あとは自分の働きを意識さえしていれば、個人的な願いは勝手に叶うと思っているんです。

実際、私の願いはそれで叶っていて、いまはもう悩みごとがないし、叶えたいこともない。そんなに欲もないんですよね。

リュウ博士　本当ですか（笑）。

MACO　いや、欲はありますけどね（笑）。「どうしてもつかみたい！」という執着からくる欲がないんです。

いまが不幸せだからこれが欲しい、こうなってほしい、といったことじゃなくて。「もっとこうしていきたい」という意味での願いごとは、まだありますけれども。

神社に行きはじめた頃と比べると、いまは毎回毎回、神社にすごく気分よく行っていますね。だから行くのが楽しいです。私も、すがるようにして神社に行っていた時期がやっぱりあって、「叶えてちょうだい！」という感じでした。

最初に行ったときは、それが半分以上あったと思います。「起業するからどうかお願いします」というのが半分、執着を捨てに行くのが半分くらい。そういう意味ではすごく混沌《こんとん》としていました。

でも、いまは執着がなく、特に理由なく神社に行くのが楽しいですし、自分の日常生活の一部として行きたくなったら神社に行く。それができている自分は豊かだと感じます。

それと、神様の働きについて知るのが最近は好きですね。「この神社には、どなたが祀られていて、その神様はどんな働きをしてくれるのかな？」ということをいっぱい調べて、一人で楽しんでいます。

リュウ博士　いいですね。それは大事ですよね。

神社に参拝するときに、「ここの神様はどんな神様なんだろう」と調べる。

出版社の方が著者に本の執筆を依頼するときは、その著者のことを調べると思うんですよ。それまで出ている本を読んだり、ブログをさかのぼったりしてね。

「すいません。本を書いてください。ところであなた、誰ですか？」ってことはないと思うんです（笑）。

神社も同じです。**神様のことを調べて、お名前や働き、歴史を調べていくと、神様のほうが「どこでもいいわけじゃなく、自分を訪問してくれたんだな」と思ってくれるのです。**

神社は新しい世界を開きに行く場所

MACO　私はいつも新しい世界を開くつもりで神社に行くんです。

たとえば、観光地として有名な神社だと、人がいっぱいいてすごくにぎやかだったりする。京都の八坂《やさか》さん（八坂神社※）なんて、行くのをやめようかなって一瞬思ったくらい、観光客でわさわさしているんです。

でも、そういうところに行くときでも、「自分の次元を開く」という気持ちでお参りする。周囲の物理的環境が変わらなくても、新しい次元＝世界が開く。その場にいながら新しい世界を開くというイメージです。

そうしたら、心の中がスーッと落ち着いてくるんですよね、二拍手して、二礼してっていうときに「ああ、私の神社の次元が開いている」と感じる。自分の中にシューッとエネルギーが戻ってくるような。

みんながお参りしているにぎやかな神社に参拝しているというよりも、「自分の神社が開いている」という感覚。だから、神様とは一対一でつながっていると思っています。

リュウ博士　おもしろいですね。自分の神社が開く。開くといえば、「道開き」の神様が猿田彦《サルタヒコ》さん。

MACOさん、好きだったりします?

MACO　好きです。『古事記』で、高千穂に降り立ったニニギノミコト一行の道案内を務めたのが猿田彦さんですね。よく猿田彦さんのところにも行きますよ。あちこちにいっぱいいらっしゃるので。

三重県鈴鹿市の椿大神社《つばきおおかみやしろ》※とか、伊勢市の猿田彦神社※、滋賀の白髭《しらひげ》神社※、福岡にも猿田彦神社※がありますね。

リュウ博士　**道開きとは、新しい次元を開いていくことですよ。道がないところに道をつくる。量子力学では、「意識をするから道ができる」という順番だと考えるんです。**

リュウ博士　物質の最小単位である素粒子は、人間に観測されるまでは不確定な状態

リュウ博士の一言

道開き、道案内の神様である猿田彦は、「道祖神」としても知られています。

にある。それを人間が観測することによって状態がガチッと定まる。だから、人間の意志と意識が現実を創るんだというのが量子力学の考え方ですよね。

MACO　そうです。ないんだけど、あると思えばできてくる。

エネルギーの世界ではそういう創造が起こるということを言っているのが、量子力学なんです。

リュウ博士　猿田彦さんは量子力学と通じるということですか。おもしろいですね。

MACO　私は「道開き」をそう捉《とら》えています。道がなくてもできる、つくっていく。いくらでも自由創造が可能という意識です。

意識もエネルギーだから氣ですよね。「気」じゃなくて「氣」ね。

「〆《しめ》」るほうの「気」だと、閉まるんですよね。でも「米」のほうの「氣」は外に出ていくから、開く。だから氣結びという意識で神社に行きます。氣を結びに神社に行く。

リュウ博士　「氣」の字は、第二次世界大戦に日本が負けてGHQ（連合国軍総司令部）が占領したときに「気」に変えられたんです。あれは日本人の氣を閉じ込めようとしているんじゃないか――なんて陰謀論的な文脈で語られることもある。

だから、あえて「気」は使わない、「氣」だぞと強調している人もいますね。占いをされる方とか。で、僕も「氣」で書いていたら校正で「気」に直されちゃったりしますけど（笑）。ちゃんと意味がある。

MACO 私も、原稿で「氣」と書きはしないですけど、意識としては開く、開く、開く、です。常に開く。自分の気持ちも開くし、そうすると次元も開く。そういう感じで神社に行っているので、どこの神社に行っても、そこの神様を感じる。

だから、私も働きを調べてから神社へ行きます。どの神様が祀られていて、どんな働きをする神様なのかという予備知識を調べてから行く。

そうすると、おもしろいんですよね。「こんなことがあったのか」って。

リュウ博士 そうですよね。相手を知るということは理解するということ。理解が愛情に変わってくる。知るというのは愛することなんです。

MACO 神様に親近感が湧きますよね。

セミナーなどで読者の方やクライアントさんと話していてわかったんですが、みなさん、わりとご利益ばかりに目が行きがちですね。ここに行くと縁結びのご利益がある、とか。悪いわけじゃないんだけど、神様自身のことは知らない人が九割以上だと思います。

リュウ博士　まあ、そうなんでしょうね。

でも、**ご利益という言葉は、もともとは「ご神徳《しんとく》」なんですよ。ご神徳っていうのは神様の徳です。これは要するに、お役目を果たすということなんです。**これはちょっと説明が必要ですね。

ご神徳は、実は「挫折」と「後悔」から生まれています。

たとえば静岡県の秋葉山《あきはさん》（秋葉神社※）に祀られているのはカグツチという火の神様で、火災を防ぐご利益＝ご神徳がある。

ではカグツチはどんな神様かというと、神話の中では生まれるときに母親であるイザナミに大やけどを負わせて、それがもとでイザナミは死んでしまった。怒った父イザナギは、カグツチの首を剣ではねて殺してしまった。

自分の火のせいで、母を死なせ、父に殺されてしまったカグツチが、なぜか火災を防ぐ神様になっているわけです。

一方、カグツチを産んだことで死んでしまったイザナミはというと、これが安産の神様になっている。カグツチ出産の地とされている三重県熊野市にある産田《うぶた》神社※は有名な安産祈願の神社です。

他にも、『古事記』の中で国をめぐる戦いで惨敗したタケミナカタノカミが、徳川《とくがわ》家康《いえやす》や武田信玄《たけだしんげん》が戦《いくさ》の勝利を祈った軍神になったという例もあります。タケミナカタノカミが祀られているのが諏訪《すわ》大社※です。

つまりどういうことかというと、ある事柄で挫折した神様が、その分野にご神徳を持つ神様になっている。**さんざんな目にあった神様が、「のちの人には同じ目にあってほしくない」と深く後悔する気持ちがご神徳なのですね。**

神様の使命は、自分が味わった不幸や災難から人を守ることなんです。

このご神徳をいただくためにはどうするかというと、実は「神様に守ってもらう」と思うだけではだめなんですね。神様と使命を同じくすることが必要です。つまり、自分も他人《ひと》を他者を守る側に回ること。そうすることで、神様を自分の中に迎え入れることができる。
そういう意味で、ご利益《りやく》＝ご神徳をいただくっていうのは、実はお役目をいただくっていう意味なんです。

MACO　なるほど！　それは覚えておきます。私も「ご利益を望むのはいけない」と少し思っていたので。俗っぽいイメージで捉えすぎていたんですかね。「ご利益ばっかり狙って！」みたいな（笑）。

「言挙げせず」という神道の考え方

MACO　この間は、河合《かわい》神社※に行ってきました。

リュウ博士　京都の下鴨《しもがも》ですね。

MACO　はい。下鴨神社※は何度も行っているんですが、河合神社は素通りだったんですよ。あんなにおもしろいとは思わなくて。

リュウ博士　河合神社は下鴨神社の摂社《せっしゃ》（本社の管理下にある小さな神社のなかで、本社と深い関係のある神社）で、美を引き寄せると言われていますね。

MACO　手鏡型の絵馬に顔を描きます。絵馬にベースになる顔が描いてあって、そこに自分の理想の顔を描き足していく。普段使っている化粧品を使って描きますが、それが楽しいんですよ。並んでいる絵馬を見たら、とんでもない顔を描いている人もいて（笑）。

みんな楽しんでいましたね。女性の喜びをくすぐるというか、楽しい神社でした。

リュウ博士　その絵馬は僕も知らなかったなぁ。女子的な神社ですね。

たしか、河合神社には玉依姫命《タマヨリヒメノミコト》という神様がお祀りされていますよね。神武天皇のお母さんの龍神様ですね。

MACO　そうです。さすがにすぐ出てきますね（笑）。玉依姫命の美しい絵が飾ら

リュウ博士の一言

女性に人気がある河合神社の絵馬。お化粧映えしそうなお顔立ちをしています。

れていて、「ああ、きれいな神様だよね」っていう話をしていたんです。

こんなふうにきれいになりましょう、ということで、女性の人気が高い。女の人が次から次へと来て絵馬を描いていました。

リュウ博士　ちょうど下鴨神社って、川が合流する地点なんですよ。鴨川と高野川です。その三角州の上に下鴨神社があるんですよね。

だから、何かと何かを結び合わせる働きがある。いわゆる「縁結び」の典型的なところなんです、下鴨神社は。

MACO　……博士、どこで勉強したら、そういうことがわかるんですか？　すごい。

リュウ博士　それは本には書いていないです。僕の想像。

MACO　え、想像？

リュウ博士　でも、知識のもとになっているのは、誰かが思ったことですから。

神社のことって言葉にはなっていないことがほとんどなんですよ。というのも、「言挙《ことあ》げせず」という言葉が神道にはあって、要するに大事なことは言葉には出さないですよと。だから多くの神職さんは神社についてそうそう語ることはないわけですよ。
だって、神社に参拝して、説教や布教を受けたことがあります？

MACO　ないですね。

リュウ博士　布教、つまり神職さんから「うちの神様はね」って勧誘を受けるとか、突然、電話がかかってきて、「下鴨神社の者ですけど、うちの神社に参拝に来ませんか」とか（笑）、ないわけですよ。

それが「言挙げせず」ということ。大事なことは自分で感じてくださいということなんです。

言葉に出すと、それに縛られてしまいますからね。だから僕も、神社のことを話すにあたって、けっこう気を使っているところはあります。みんなに興味をもってもらえる話をしようと思うけれど、一方でなるべく先入観をつくらないようにとも思っている。

だからってまったく無言では伝わらないし……難しい。

MACO　そうですね。でも、博士のお話はすごくわかりやすいし、何より神社に親しみが持てますよ。

ついでにお聞きしたいんですが、「八百万《やおよろず》の神」とよく言いますが、本当は神様ってどのくらいいらっしゃるんですか。

リュウ博士 八百万っていうのは、たくさんっていうことですよ。要するに万物、どこにも神がいる。

だから、このペットボトルにもいるし、コーヒーにもいるし。要するに万物にいるよ、という意味で八百万ということですね。

たとえば『古事記』に出てくる古い神様もいれば、それより新しい神様もいる。菅原道真《すがわらのみちざね》さんだって天神様《てんじんさま》という神様ですし、徳川家康は東照大権現《とうしょうだいごんげん》。もっと最近の人だと、原宿の東郷《とうごう》神社※にいるのは東郷平八郎《へいはちろう》という海軍のトップだった方です。

リュウ博士の一言

吉田松陰を祀った松陰神社(山口県萩市。東京都世田谷区にも)なども有名。

神様は、あなたの中のサブパーソナリティ

MACO　本当に神社っておもしろいと思います。おもしろいという表現でいいのかわからないけれど、神様はみんなユニークですよね。

リュウ博士　それは、人間の中に存在するいろんなキャラクターが神様という形で象徴されている、というのが正確かもしれないですね。

最近、作家の平野啓一郎《ひらのけいいちろう》さんが「分人主義《ぶんじんしゅぎ》」ということを言っている。相手によって人間の態度などは変わりますよね。友達用の自分とか、パートナー用の自分とかを使い分けている。

要するに人間の中にいくつもパーソナリティがあるということなんです。イタリアの精神科医でロベルト・アサジオリという人がサイコシンセシスという心理学を提唱したのですが、その中にサブパーソナリティという用語があります。これは、自分の

中のいろいろな自分のこと。個々の神様は、こうした人間の中にあるさまざまなサブパーソナリティを象徴していると考えるといいでしょう。

たとえば出雲大社《いずもたいしゃ》※の大国主命《オオクニヌシノミコト》という神様だったら、どんなサブパーソナリティなのか。

ひとことで言うと、古典的な少年漫画の主人公のようなキャラクターなんです。最初は弱っちくて、いじめられたりする。

でも、次々とやってくる課題を乗り越えて、ちょっとずつ強くなっていく。仲間を見つけて、助けを借りる。そうやって成長していって、ついにはトップになる。

このまさに典型的なストーリーを大国主命は神話の中で体験しているんですよね。

それは人間の中にある一つのキャラクター、サブパーソナリティです。誰の中にもある「ヒーローになりたい自分」を表す神様。

このように、**神様はなんらかのサブパーソナリティを体現している。神様にお参りすると、自分自身がその周波数に一致するっていうことですよね。**

さっきMACOさんが「道を開く気持ちで参拝しています」っておっしゃっていま

したが、それは道開きの神様に参拝すると、周波数が一致して、自分も道を開こうと思えるということです。

MACO それこそ河合神社にお参りすると玉依姫命のように見目麗《みめうるわ》しくなる……という認識で行くと、そこに同調するからきれいになるっていうことですね。

リュウ博士 そう、そう。下鴨神社や河合神社って、季節で言うと春のような感じなんですよ。

MACO どこか爽《さわ》やかなんですよね。

リュウ博士 春、つまりこれから始めていく季節の周波数。芽が出てきたっていう感じ。だから、クリエイターの人などにもおすすめです。いろんな創造の芽が出ると思います。

さっきも言いましたが、下鴨神社と河合神社があるのは川の合流する場所です。クリエーションっていうのは要するに異種配合。あるものと別なものが組み合わさって新しいものができる。その意味でも縁結びだけでなくクリエイター向きの神社でもありますね。

MACO　異種が配合されることによって、個性が枝分かれして豊かになって進化していきますよね。だから神社って、そういう役目もあるのかなって私は感じています。同じものだけだと栄えていかない。異種がくっつくことによって、新しいオリジナルができる。そして世の中も変わっていく。そういう要素も、たぶん神社にあると思っています。

リュウ博士　そのとおり。だから神道《しんとう》って、対立を促すような宗教ではないんです。

第2章

MACO&
リュウ博士流
感情の整理法

気持ちをチューニングして
ゼロから始める

リュウ博士

いまの時代の人々に合った
ご利益をもたらせるように、
常にアップデートしている。
これが神社の
おもしろいところ。

×

MACO

神社に行って
修正して帰って来るとか、
フラットになって戻ってくる。
フラットでゼロにいるのが
一番パワフルなんです。

神様は人々の祈りでできている

リュウ博士（八木龍平）　ほかに最近行かれた神社はありますか？　埼玉県の秩父《ちちぶ》に行かれたって言っていましたか。

MACO　秩父は、私が教えていた講座の受講生が「三峯《みつみね》神社※がいいよ」って教えてくれて。

リュウ博士　行くのは大変ですよね。

MACO　大変でしたね。かなり山奥なので宿泊しないと。

だから秩父のあの辺りの神社は全部、回りました。二日で四社ぐらい回ってとても楽しかったです。

私が行ったときは、柔道の団体の方だと思うんですが、道着を着た人たちがゾロゾロと何十人もいました。神社でどうして、こんなにいかつい人たちが……と思ったんですが、何か、催しがあったんでしょうね。

リュウ博士　三峯神社はね、いかつい神社ですよ。極真空手の創始者である大山倍達《おおやまますたつ》さんが、山ごもりの修行を何度もして開眼したのが三峰山ですからね。そもそも武道と縁が深い。

ＭＡＣＯ　まさに、そういう雰囲気でした。道着を着た武道家のなかに私たち女子三人が入っていって、「何か、すごい雰囲気だね」と（笑）。

リュウ博士　もともとは、吉川英治《よしかわえいじ》の小説『宮本武蔵』の中に、武蔵が三峯神社で開眼したというくだりがあるんです。

これは吉川英治の創作だから事実ではないんだけど、それで影響を受けた読者がけっこういた。だから大山倍達さんも、武蔵にインスパイアされて三峯に行って山ごもりした。

当時は神社の方も、「何か男性が一人で空手の練習をしているな」と思ったようです。そうしたら段々、大山さんのお弟子さんなど、影響を受けて修行に来る人が増えてきた（笑）。

いまでも極真空手の団体では合宿を定期的に行なっていると思います。

MACO　もともとは小説で書かれたことが始まりだったんですね。そういうフィクションの影響で、神社の性質が変わっていくなんていうことが……。

リュウ博士　あります、よくあります。

僕は本の中で、神様というのは結局、人々の祈りでできているんですよ、と申し上げているんです。

僕たちは神社に行って祈りますが、この祈った人々の意識、「祈りの集合体」が神様なのですね。

だから、祈りの質が変わってくると、神様の質も変わってくる。箱根の九頭龍《くずりゅう》神社※は経営者がよく参拝する事業発展の神様でしたが、いつの間にか縁結びの神様として有名になっていますしね。時代の変化とともに神社も変わるし、神様も変わっていくんです。

人々の願いは、時代とともに微妙に変わってきます。昔といまとでは価値観も違うわけですから。

いまの時代の人々に合ったご利益をもたらせるように、常にアップデートしている。これが神社のおもしろいところ。

MACO　わかります。私も神社ってアップデートしていると感じます。

リュウ博士　じゃないと2000年も続かないですよ。

MACO　続かないですよね。社会に起きている現象と神社って、常にリンクしているって最近は感じていて。

表現は難しいですが、いま博士がおっしゃった「アップデート」という言い方はすごく近いと思います。歴史が長いのに、最新バージョンでもある。

リュウ博士　そうですね。アメリカの個人主義が入ってきて、個人のお願いにフォーカスするようになったのは、まさにアップデートなんです。

神社の教えがあって、「みんな学びなさい」というスタンスではない。やっぱりわれわれ人間と同じなんですよ、神道の神様って。神様が人間の延長線上にいる。だから菅原道真公が神様になるわけです。

MACOさんだってたぶん神様になりますよ。MACO神社（笑）。

リュウ博士の一言

自分の願いは神社にアップロードされ、「お祓い」されます。「お役目」は祓われた他人の願いなのです。

MACO　だからですかね、たまに「MACO教」とか言われたりね（笑）。

リュウ博士　僕も信者の一人ですけどね（笑）。

気持ちをニュートラルにチューニングする

リュウ博士　感情がもやもやしているときも神社に行くといいですよね。

MACO　そうですね。チューニングして、「違う、違う、そこじゃない」って気づいて、開き直しという感じで次元を開いていく。そうすると気持ちよく帰ってきて、気持ちよく寝られる。それはありますよね。

すがるとか、助けてというエネルギーで行くんじゃなくて、「切り替える」という感じで行く。

リュウ博士　それは、よくＭＡＣＯさんが「ネガティブ感情の思考修正をする」っておっしゃっているのと通じますよね。思考修正する場所としても神社はけっこういい。

ＭＡＣＯ　そうです。

神社へ行って修正して帰ってくるとか、フラットになって戻ってくる。フラットでゼロにいるのが一番パワフルなんです。

全部のエネルギーが拡大できる一番いい場所がゼロポイントですから。そこに戻るために、神社に行くことはありますね。

リュウ博士　ゼロポイントということは、要するにもう全部、最初に戻るというか。

ＭＡＣＯ　ゼロに全部が詰まっているっていうことですね。だから一じゃなくてゼロが一番パワフル。

ニュートラルと言ってもいいですね。クルマのギアで、ローからＮのニュートラルのところを通過しないと上に上がらないでしょう？　その仕組みと一緒です。

ローに落ちてしまったとしたら、上げていくときにはいったん、ニュートラルを通らなきゃいけない。そのニュートラルに戻すときに神社に行く。

リュウ博士　なるほど。

ちなみに、いま「ニュートラル」と言うときに、MACOさんは喉《のど》を指さしていましたね。そこにMACOさんのゼロポイントがあるんですか？

MACO　そういえばそうですね。私、ここ（喉）にいろんなものが詰まっていると思うんですよ。

いま、鼻炎になって喉の調子がちょっと悪いんですよね。だいぶ良くなってきましたけど。たぶん私、喉のチャクラに何かがあるんだと思います。

リュウ博士　たぶん、ニュートラルというか、ゼロポイントを体の位置で表現するとしたら、胸のあたりだと考える人が多いと思います。チャクラでいうと第四チャクラ。

チャクラというと、ヨガでおなじみの生命エネルギーの中枢です。全部で七つある。会陰部《えいんぶ》（肛門と性器の間）にある第一チャクラ、丹田《たんでん》（へその指二本下）にある第二チャクラは大地からエネルギーが入ってくる通路。

への上の腹部にある第三チャクラと胸にある第四チャクラが、人間からエネルギーが入ってくる通路。この第四チャクラが一般的には人体の中心だと感じられやすい。ＭＡＣＯさんが体の中心、ニュートラルだと感じているのは喉にある第五チャクラ。これはエネルギーをアウトプットするチャクラです。自分を表現する、他者に与える働きを持ちます。コミュニケーションのチャクラとも言われる。

額の第六チャクラは天に上昇してつながるチャクラ、頭上の第七チャクラは天から下りてくるエネルギーを受け取るチャクラです。

この七つのチャクラは、人と見えない世界をつなぐ通路で、いわば私たちの体にあるミクロな神社なんです。

おもしろいのは、ＭＡＣＯさんが体の中心だと感じる第五チャクラは、チャクラの中で唯一、アウトプットを担当しているところなんですよ。

他は全部インプット担当です。だから表現をする人は第五チャクラが中心になってくる。

MACO　やっぱり、言葉で何かを伝えることが多い仕事だからでしょうか。何か話して説明するときも、わりとここを触っています。

リュウ博士　反射的に？

MACO　無意識ですね。

リュウ博士　ちなみに言うと、第五チャクラと第六チャクラの間は人体における「龍の通り道」でもあるんです。世の中、宇宙全体の「流れ」を感じ取る場所なんですね。「これからの時代は第五チャクラが中心だ」と言う人も、スピリチュアルなメッセンジャーのなかにいます。

『アトランティスの叡智』（徳間書店）という本の著者で、アカシック・レコード（宇宙が誕生してからのあらゆる情報を記録していると言われる「宇宙図書館」）リーディングの第一人者であるゲリー・ボーネルさんという人なんですが。

MACO　ああ、ゲリー・ボーネルさんのことを勉強している友達と、いまとても仲良くしていて、教えてもらっているんですよ。

リュウ博士　そうでしたか。ちょっと話が脱線してしまいましたが。

MACO　私は、神社というのは直接、宇宙とつながっている場所だと思っているんです。

神社に行くとエネルギーのチューニングができると思っていて、自分のテンションが下がったときに神社に行くんですよ。

神社に参拝して、ほっとして帰ってきたりする。といっても、落ちた気持ちのままでは行かないようにして、「さあ、いまから気持ちを切り換えて神社でも行こうかな」という感じにしてから行くんです。

リュウ博士　MACOさん的用語を使うと、周波数をチューニングしに行くっていうことになるんですかね。

MACO　そうですね。

神社に限らず、パワースポットと呼ばれるところへ行く方に私が言うことがあるんです。それは、「自分はエネルギーが足りていないから、もらう側だ」という感覚で行ってはいけないということです。

エネルギーをもらうのではなく、「それそのものになりに行く」という感覚で行ったほうがいい。パワースポットのエネルギーに同調する、神社の周波数に自分が重なりに行く、という感覚です。

神社には、宇宙本来の高い周波数のエネルギーが満ちていると思うんです。だから雰囲気が違うし、清々《すがすが》しさを感じる。この神社の高い周波数にチューニングしに行くわけですね。

だから、「今日はちょっと疲れているからエネルギーをください」ではなくて、「神社のエネルギーと同じ存在になります」なんです。

リュウ博士　僕も家の近所にある何の変哲もないお稲荷《いなり》さんによく行くんです。そこはすごく閑静な高級住宅街なんですよ。引退した富豪が住んでいるような街なんです。だから、そのお稲荷さんには、閑静な高級住宅街に特有の周波数がある。フラットで静かなんですね。

そういうところだと、お金があるとか、ないとかでエネルギーが動かない。つまり、動揺しない。目の前に一〇〇億円を積まれても、「それで？」みたいな周波数を感じるんです。

「まあ一〇〇億円はともかく、メロンでも食べようか」みたいな（笑）。その周波数に一致できる。

自分がどこに住むのかっていうのは、けっこう大事でしょう。

引き寄せ的なやり方として、よく「自分が〝こうなりたい〟と思うような人の住んでいる場所に住みなさい」と言われますよね。

でも、じゃあ実際に、たとえば大金持ちが住んでいる街に引っ越したらどうか。周りが自分よりも上の人ばかりだったらコンプレックスを感じたり、焦《あせ》ったりもするわけじゃないですか。

そのときに、どううまくチューニングしていったらいいのかというと、その街の神社に行くのが一番手っ取り早いんです。

MACO　私も「チューニング」っていうキーワードを神社と重ね合わせていますね。それはすごくわかります。

リュウ博士　MACOさんは、自分を開く、道を開く、という気持ちで参拝されているっておっしゃっていましたね。そういう気持ちでいるということは、たぶん神社の神様のほうからMACOさんに来てほしいと思われている。

MACOさんが参拝すると、MACOさんの氣が残る。そうすると参拝した他の人が「道を開く」という気持ちにチューニングされちゃう。
そうやって、神社を通じてMACOさんのエネルギーが他の人に広がっていくということでもあると思います。

神社との縁、龍神様との縁

MACO　私は伊勢神宮には一年に一回くらい行っています。

リュウ博士　出雲大社には行きます？

MACO　出雲大社は行ったことがないんです。近くまで行って帰ってきちゃったことがあるんですけどね。

リュウ博士の一言
「神宮」は皇室と縁の深い神社の特別な呼び名。「大社」も由緒ある大きな神社だけに付けられます。

別に合わないっていうわけじゃなくて、たまたま行く機会が少ないだけで、行きたいな、とは思っていますけどね。お伊勢さんも別に行きたくないとかじゃない。行くには行っている。でも、そんなに頻繁《ひんぱん》に行っていないんです。

リュウ博士　MACOさんは龍神様のところに行っちゃいますよね。

MACO　行っちゃいます、水の神様だから。

龍神の「龍」って流れるの「流」。自分はもう、それそのものだと思います。私は四柱推命でも全部、「水」ですし。動いていくことで発展していくタイプですね。

いま私、家を四軒、持っているんですよ。

リュウ博士　四軒？

MACO　全部賃貸ですけど（笑）。東京のいま住んでいるところ、昔からいる兵庫のマンション、自分の会社のオフィス、それから娘が大学生で下宿しているので、四軒の家を借りて持っているんですね。

だから維持費だけで大変。私が東京からいなくなったら、お金が払えなくなったんだなと思ってもらってもいいんですけど（笑）。

こうやって、住所不定みたいな暮らしになっていけばいくほど楽しくなってきて。私は家を買いたいと思ったことがない（笑）。持ち家は不要なんです。

リュウ博士　アドレスホッパーというやつですね。

MACO　そう言うんですね。だから、まさに流動。

龍って常に動いているじゃないですか。龍神様は、常に動いているから近くにいる、という感じがする。

本当に龍神の龍って流動の流だなって感じます。

リュウ博士　そうですね。もともと龍って川なんですよ。『古事記』に出てくるヤマタノオロチっているでしょう。出雲の国の肥《ひ》の河のほとりで、毎年やってきては娘を一人ずつ食べてしまう大蛇ですが、これはもっとも有名な龍神です。

この「肥の河」というのは、島根県の斐伊《ひい》川だと言われています。ヤマタノオロチが暴れて住民たちに被害を及ぼした神話は、斐伊川の氾濫《はんらん》のことなんですね。

山を水源にして海に流れ込むのが川です。だから、川は山と海をつないでいる。

山と海をつなぐのは、どういう意味かというと、山は根源なんです。すべてのインスピレーションの源《みなもと》でゼロポイントが山。そこから流れていって、だんだん川は広くなっていきます。広くなるほどに関る人が増えていく。そして、海という無限の広大な場所に出る。

つまり、**もともとの源がいろいろ変化して大きく広がっていくプロセスをつかさどっているのが龍神様である、ということなんですね。**

世の中にはいろんな物事が生み出されて広がっていくプロセスがあります。たとえば、新商品をゼロから研究開発して、アイデアが生まれて、商品化されて、売れることによって世の中に広がって、世の中を変えていく。このプロセスは龍神様の領域なんです。

だから、波に乗ってうまくいくことを「龍の背に乗る」なんて言いますが、これは流れが全部、うまく流れていくということですよ。

MACOさんが住所不定的に行くところ行くところ、いい流れが続いていくってことじゃないですか。

MACO　そうだったらいいですね。そういえば、住んだらいい場所とか、縁のある場所を占星術で出してもらったことがあります。
それによると、ご縁がありそうな国がイタリアとフランスだと言われたんですけど、一度も行ったことがないんです。どちらも特に行きたい国ではないんですよね……。いまのところ、そのタイミングじゃないということなのかな？

神道発祥の地、壱岐のおもしろさ

リュウ博士　それでは、長崎の壱岐島《いきのしま》に行くのはどうですか。壱岐のモンサンミッシェルといわれている神社があります。

小島《こじま》神社※というのですが、フランスのモンサンミッシェルと同じで、小さな島に神社があって、潮が引いているときにだけ歩いて渡れるんです。渡れないときは、手こぎの小さな船を予約して周遊することもできます。

MACO　そんな所があるんですね。壱岐も、神社好きにとってはおもしろい場所ですよね。

リュウ博士　そうですね。神道発祥の地といわれていますから。

日本の歴史が文献に残っている一番古いものは中国の『魏志倭人伝《ぎしわじんでん》』です。『古事記』とか『日本書紀』よりもさらに昔の文献ですね。

その『魏志倭人伝』に載っているのは邪馬台国《やまたいこく》と壱岐の国、壱岐と対馬《つしま》なんですよ。だから壱岐と対馬は日本の歴史の原点にある。邪馬台国の場所がはっきりわかればそこが原点になるかもしれないけれど、『魏志倭人伝』の記述ではそこがはっきりしないですからね。

神道の儀式をつかさどる役人、卜部《うらべ》と言うのですが、それは壱岐と対馬と伊豆の三国からしか登用しないと決まっていたんです。

だから、壱岐、対馬のあたりというのは神道の儀式の原点が残っている。あるいは、残っていたと言うほうが正確かな。

元《げん》が攻めてきたときに、壱岐の人はほぼ死に絶えてしまったので。

壱岐には月讀《つきよみ》神社※という、月の神様をお祀りしている神社があるんですが、伊勢市にも月讀様が祀られている月讀宮《つきよみのみや》※と月夜見宮※があるし、京都の松尾《まつお》大社※という大きな神社の中にも月讀神社※がある。

MACO　松尾大社は行ったことがあります。あそこにもあるんですか。

リュウ博士　こうしたあちこちの月讀神社は、壱岐の月讀神社がもとになっているといわれています。夜の神様ですから、潜在意識とか、人の陰の部分をつかさどっている。女性性・男性性を象徴する女嶽《めんだけ》神社※・男嶽《おんだけ》神社※もおすすめです。

壱岐は神社密度ナンバーワンともいわれています。神社庁に登録されている神社だけでも一五〇ある。

MACO　そんなにあるんですか。すごい。

リュウ博士　登録されていない神社はもっとあって、合わせると一〇〇〇以上あるん

リュウ博士の一言

神社本庁の地方機関として各都道府県に置かれた組織が神社庁。まるでお役所のような名前ですが、宗教法人です。

です。

MACO　登録されていない神社というのもあるんですね。小さい神社がたくさんあるっていうことですね。

ペットボトルにも神様は降りる

リュウ博士　実は、神社って誰でも勝手に建てられるんです。

MACO　え、そうなんですか。

リュウ博士　個人で建ててもいいし、会社で建ててもいい。ただ、神社庁に登録するとなるとハードルが高い。宗教法人じゃないといけないとか、いろいろな要件があるわけですよ。
極論を言うと、ホームセンターで鳥居《とりい》を買ってきてDIYで神社を建ててしまってもいい（笑）。
ただ、もちろん神社を建てるだけではなくて、そこに神霊をお招きしないといけません。これも、やろうと思ったらできるんです。ご神体を用意して、そこに「降神《こうしん》詞《し》」という神降ろしの言葉を唱えれば降りてくるんです。

MACO　へぇーっ、どんな言葉なんですか。

リュウ博士　ネットで検索すれば出てきます（笑）。地鎮祭で唱えているものですから、聞いたことがあると思いますよ。

MACO　ここにあるペットボトルにも神様が降りるんだ。

リュウ博士　基本、ご神体は何でもいけるはずです。と言っても、残るもの、腐らないものでないといけないでしょうけれども。
たとえば、お人形さんに神様を降ろすとか。実際、神棚にお人形を置いている人がいます。ぬいぐるみとかね。

MACO　はいはい、いますね。あれは神様を降ろしているんですか？

リュウ博士　お人形だと、自然に降りちゃうでしょうね。念が入る。

MACO　念ですよね。でも、念は執着のエネルギーだから、「それは神様なのかな？」と思うんですけど。どうなんでしょう。

リュウ博士　その人の気持ちが残るから、お祓いは必要でしょうね。

MACO　ちょっと怖いですよね。

リュウ博士　和歌山には淡嶋《あわしま》神社※という人形供養の神社がありますよ。ここは淡島神という女性の神様なんですよ。

MACO　淡嶋神社には少彦名《スクナヒコナ》様も祀られていますよね。

少彦名様は、少ないことを祝うという神様です。普通は人って少ないことを否定するじゃないですか。

自分の取り分が少ないとか。そこを祝う神様。「少ないって素晴らしい」というのはちょっと難しいかもしれないけれど、そこをあえて祝ってあげると、少ないからこそ発展するという考え方。

それを聞いてから、よく少彦名様を祀っている神社に行くようになりました。少ないって悪いことじゃない。

リュウ博士　実は、淡嶋神＝少彦名という説もあるんです。それに関係するのですが、和歌山の淡嶋神社には、女性が下着を奉納するんですよ。

MACO　人形だけじゃなくて、下着も？

リュウ博士　ええ。下着を納める方は格子の中に投げ入れてくださいって。

MACO　それはいったい何が目的なんだろう。

リュウ博士　少彦名は医療とか、薬とかの神様でもあるんですよ。大国主命と一緒に国づくりをしたのが少彦名です。大国主命が国土とか、大きな国づくりを担当して、少彦はちょっと細かいことを担当した。

その中に医療、薬事が含まれていた。人を癒《い》やす神様なんですね。それが婦人病の平癒《へいゆ》とか、安産祈願につながっているということでしょうね。

相性の良い神社でエネルギーを感じる

リュウ博士　MACOさんの考え方って、ネガティブな気持ちになっていても願い事は叶うということですよね。

MACO　そうですね。私は気持ちが落ちることが結構多い。すぐ悲観的になるんです。でも、現実はいつでもここから変えられると。

リュウ博士　未来に対して、嫌な予感がしたりしないんですか？

MACO　嫌な予感とかもないですね。

リュウ博士　「これはヤバいかな？　こっちじゃなくて、別の方向を行ったほうがいいのかな？」とか、そういうふうに感じることは？

MACO　最近、それもなくなりました。前はそういうのもあったんですが、最近は「こっちに行きたいな」というのが先に出てくるようになりました。そこはちょっと変わったんでしょうね。

それこそ任せておいたら、絶対に最後は良くなるっていうのもわかってきたから、道に迷っても結構喜んでいるようなふしがあって。

リュウ博士　そうなんですか。へぇ〜。

MACO　ただ、心地が悪いところはよくわかります。たとえば神社でも、ここは別に参拝したいと思わないかな、というのがありますよ。

この間、福岡の宗像大社《むなかた》※に行ってきたんです。世界遺産にもなった、とても人気のある神社ですよね。

美しい神社でしたし、たしかにすごく気持ち良かったんですけど、その後に行った小さな神社、白山《はくさん》神社※のほうがもっと良かったんです。

糸島のビーチ近くにある小さな白山神社です。宮司さんが一日中座って相手してくださるというところで。私、初めてだったんですけど、参拝した時には体がビリビリしました。

リュウ博士　前にも話の出た白山神社ですね。MACOさんは白山神社と何かあるのかな。

MACO　白山神社に祀られている菊理姫様って、結んでくれるけど、その前にいらない縁をバシバシ切るじゃないですか。一緒に行った友人の一人が、ちょうど縁切りをしたがっていたんです。

仕事を辞めたいんだけど、「あなたがいないと困る」と言われて、悩んでいました。それで、宗像さんの後に予定を変更して白山神社に行ったんです。そうしたら、ビリビリと来たんです。

リュウ博士　そこの白山神社はあまり知られていないですよね？

MACO　すごく小さいです。福岡に住んでいる受講生の方が案内してくれたんですよ。

最近、女性週刊誌に載ったと宮司さんが言っていましたね。全国の白山神社から選ばれた八社に入ったとか。

実は私、熊野《くまの》に行きたいと思っていたんですが、ここの白山神社って、熊野の三つの神社（熊野本宮大社《ほんぐうたいしゃ》※、熊野速玉大社《はやたまたいしゃ》※、熊野那智大社《なちたいしゃ》※）を祀っているんですよ。「あ、それでか」と。私が宗像さんよりも、こっちの白山神社のほうが良かったのは、そういうご縁があったのかって。

神社のメインのところじゃなくて、熊野三山の神様などを祀ってある合祀《ごうし》社でビリビリするものを感じたんですよ。

リュウ博士 たぶん相性なんでしょうね。

MACO あのビリビリ来たのは相性なんでしょうかね。

それで、白山神社に行った後には私も一つ、縁が切れたことがあって。ちょっと苦手な知人がいたんですけど……。

リュウ博士 えっ？ 僕の知っている人？（笑）

MACO いえいえ（笑）、昔からの知人なんですが。その人とのつながりが急に切れたんです。

リュウ博士 菊理姫さんは縁切りですからね。

たしかに、熊野の神様と菊理姫さんは、ひじょうにご縁が深いんですよ。熊野の神様はいろいろいますが、その中にイザナミとイザナギという日本を生んだ夫婦神がいます。イザナミとイザナギが黄泉《よみ》の国で大喧嘩《げんか》をして、仲裁したのが菊理姫さんです。

イザナミはカグツチという火の神様を産んで、そのときの火傷《やけど》がもとで死んでしまいました。後に遺《のこ》された夫のイザナギは、死んだ妻に会いたい気持ちがつのった。そこで、地下にある黄泉の国へと降りていってイザナミに再会します。

「一緒に帰ろう」と言うのですが、イザナミはもう黄泉の国の食べ物を食べてしまって帰れない。ですが、せっかく迎えにきたのだからと、イザナミは「黄泉の国の神に掛け合ってみます。その間、私の姿を見てはいけませんよ」とイザナギに言ったのですね。

でも、「見るな」と言われたら、必ず見てしまう（笑）。イザナギは櫛《くし》の歯をひとつ折って火をつけ、松明《たいまつ》がわりにしてイザナミの後を追ってしまうんです。明かりのなかに浮かび上がったイザナミの姿は、腐ってゾンビ状態だった。

びっくりして逃げ出すイザナギを、「よくも恥をかかせてくれたわね」と激怒したイザナミが追いかける。ついでに黄泉の国のゾンビ軍団まで呼び出して一緒に追いかけたんです。

結局、黄泉比良坂《よもつひらさか》というところでイザナギはイザナミに追いつかれ、二人は大喧嘩を始めた。これを菊理姫さんが間に入って収めたというんです。
だから、一般には縁結びの神様と言われています。
でも、この仲裁というのは、正確に言うと縁切りなんです。「もう、お互い関わらないようにしよう」ということ。言ってみれば裁判になりそうなところを、協議離婚で終わらせるような（笑）。きれいに別れさせたということなんです。

MACO　そうですね。きれいに縁を切ってくれるという感覚はわかります。だから、事あるごとに白山神社に行きます。神戸にもありますからね。

リュウ博士　六甲にありますね。

MACO　西宮にもあります。どちらもちんまりとした、それこそ裏神社的なところですね。
でも、誰も番もしてないんじゃないの？　みたいな小さな神社に行って、「おお!?」と驚くこともありますから。パワースポットとして有名なところももちろんいいとは思うのですが、やっぱり自分に合う神社とか、呼ばれて行く神社ってあるなあと。

リュウ博士の一言

黄泉比良坂は、現在の島根県松江市東出雲町だと言われています。ここにはイザナミをまつる揖夜《いや》神社もあります。

糸島の白山神社は、受講生の方たちが「遊びに行きましょう」って誘ってくださって、ちょうど講演の場所からちょっと足を伸ばせば行けそうだったので行ってきたんです。良かったですね。

リュウ博士　初めて行く神社には、地元の人と一緒に行くのがいいですね。地元の人は、やはりそこの神様に愛されていますから。

MACOさんは全国に講演に行かれるでしょうから、そのついでというわけではないですけれど、各地の白山神社を回れそうですね。

白山神社はすごく内面的な神様ですからね。もの静かで落ち着いている。これに対して宗像大社は、海上交通の神様ですから。やっぱりどんどん外に出ていく、パーティーピーポーみたいな感じです（笑）。

MACO　あー、私、パリピでは絶対にないですね（笑）。

でも、旅行は好きなので、水の神様の神社には結構行くんです。たとえ仕事が忙しくても、どこかに行かないと死んでしまうぐらい動いているんです。

リュウ博士　この対談の後、ハワイに行かれるって言っていましたね。

MACO　ハワイは三回目です。この仕事を始めて、行くようになったんです。それまでは、海外旅行に気軽に行けるような環境ではなかったので。ハワイもどちらかというとずっと憧れの存在で。

一回行ってみて、オアフ島はそれほど興味はないんですけど、ハワイ島はとってもよかったんですよね。それも強いエネルギーを感じたから。磁場というか。

神社もそうですよね。そこの神社に流れているエネルギーが好きなところには何回でも行くし、理由がなくても行きますから。

第3章

ネガティブでも願いは叶う！

神様パワーのいただき方

MACO

最初にとんでもない
ことがいっぱい
起きますよ、という前提で
本とかブログも書いています。
そういうネガティブなものと
出合ったら
バンザイなんです。

×

リュウ博士

いま、この神様の前で
フッと出てくる気持ちは、
本当の願いなんです。
本当の願いというのは、
頭で考えても
わからない。

神社に行くと、心の制限が取り払われる

リュウ博士（八木龍平）　ＭＡＣＯさんは起業する前に白山比咩神社に行かれて、いまはいろいろな願いが叶《かな》っている。

でも、世の中には、神社に行かなくても願いを叶えている人は普通にいるわけですよね。そういう人は、思考法、考え方ひとつで願いを叶えている。

その願いを叶える考え方として、ＭＡＣＯさんはたとえば「宇宙メンタル」という形で提唱されていると思うのです。

要するに、神社に行かなくてもメンタルひとつで願いを叶える精神状態にしてしまうということ。

願いを叶える精神状態を、「宇宙」という言葉で表現しているのはいいですよね。

仏教的に言うと空《くう》の状態をつくる。まだ形になっていない創造のエネルギー。無《む》と言

リュウ博士の一言

「空」を神道では「神人合一《しんじんごういつ》」「中今《なかいま》」と呼び、「祓い」によってこの状態になれると考えます。

ってもいいのかな？

MACO　空とは、無もあるんですけど、有《ゆう》も一緒にあるんですよ。だから、空というのは「ない」のではなくて「ある」んです。

ないんだけどある。だから、無ではないという感じなのかな？

リュウ博士　なるほど。有と無をあわせもっているのが空。

その精神状態、空の精神状態に、神社に行くとなりやすいということだと思うんです。

MACO　それは、私みたいにメンタルの在《あ》り方ひとつで引き寄せができる、と言っている立場からしてもそう思います、やっぱり。行ったら引き寄せやすくなるとわかっているから、必ず自分から行く。

「私のところに来て！」というのも、必ずしも悪いわけではありませんが、やはり行ったほうがいいと思う。

神社に参拝すること自体にちゃんと意味があると私は思う。行ける状況である人ならば自分の体を持っていく。行かないで自分のところに呼びつけたい人もいるんです。

リュウ博士　呼びつけたい人って、どういうこと？

MACO　「私、ここで祈っているから来て、見ていて」みたいな。

リュウ博士　だから私のところに来いと。

MACO　うん。別に悪いわけじゃないんですけど、体を持っていってその場で参拝するということに大きな意味を感じるから、私は行きますね。

リュウ博士　そうですね。体を動かすことで運も動くという感じがしますよね。「運」は運ぶと書きますから。やっぱり体を運んでいくことが大事。

ＭＡＣＯさんの宇宙メンタルの肝《きも》は、心の制限をなくすことだと理解しているのですけど。

MACO　そのとおりです。

「もう○歳だからこれはできない」とか、「自分は男だからこれは無理」とか、「女だからこれ以上はできない」とか、あるいは「人間だからこれが限界」というように自分に制限をかけて苦しんでいる人は多いですよね。**不安や恐れ、怒りや悲しみといった苦しみの原因は、ほとんどこの自分への制限の意識にあると思います。**

固定観念に縛られた意識で、起きた出来事をマイナスに解釈してしまうことも多いです。たとえば、彼氏にフラれたら、「普通」の考え方だと、「良くないことが起きた」と思ってしまう。

でも、制限を外して考えれば、「これまでの関係が切れるのは、新しくていいものが入ってくるからだ。だから悪いことではない」とも考えられる。信号に何度もひっかかると、「ついてない日だ」と考えてしまいがちだけれど、制限を外せば、「慎重に行ったほうがいいというサインだな」とも考えられますよね。

こんなふうにして、これまで世間で定義されてきた固定観念、通念、概念、ジンクスといった「普通はこうだよね」という心の制限を一切取っ払って捉えてみる。これが宇宙メンタルです。

リュウ博士　この心の制限を一切なくすっていうのが、神道で言えば、「祓《はら》い」という言葉になるんです。いわゆるお祓いです。自分の精神を祓ってしまう。これは罪穢《けが》れを取り除くっていう意味なんですが。

MACO　取り除いてみたいですね（笑）。

リュウ博士　この罪穢れというのは、要するに、余計な思い込みっていうことなんですよ。
そこで、余計な思い込みを取り去って、無限に発想を広げていく精神状態がおそらく宇宙メンタルなんじゃなかろうか。……というふうに僕は解釈しているんですが、何か間違えているでしょうか？

MACO　いや、間違えてないです。
書いた本人もあんまりわかっていないことを、そんなに深く解釈していただいて。本を書き始めて集中すると、私、ほとんど自動書記状態なんですよね。気がついたら原稿ができている。

リュウ博士　あ、わかります。そうですよね。

MACO　だから、結構、短期間にガガガッて集中して書いちゃう。後になって、「よくこれだけ書いたな」と思います。「あれ？　誰が書いたんだっけ？　私？　私しかいないか」という感じになる。

リュウ博士　そうですよね。

僕は本を書いている時って、その時、リアルタイムの出来事を書いていますね、結局。事前に書く内容を大まかには決めているんだけど。

MACO　たぶん博士も私も同じ感じで、書きながら変わっていったり、書きながら新しい発想が出てきたりとか。

神社参拝は想像以上のことが起きる開運法

リュウ博士　願いを叶えるマインドということに関連して言うと、開運の日本的な考え方は、願いを特定しないこと。桃太郎の桃なんです。

MACO　桃太郎の桃？

リュウ博士　おじいさんとおばあさんがいて、おじいさんが山へ柴《しば》刈りに、おばあさんが川へ洗濯に行くと……。川の上流から大きな桃がどんぶらこ、どんぶらこと流れてきました、って続きますよね。この桃というのが開運の象徴なんです。

川から桃が来ると想像しているか、と言ったら、誰も想像していないですよね。つまり、思いがけないものがやってくる。

これ、ＭＡＣＯさんのボキャブラリーを使うと、予想以上のものが来るんです。想定以上のものが来るということですね。

だから、まず、**自分の願いというものをこうだって決めつけてしまわないことで、それこそ必要最大限、必要以上のものが来るということじゃないでしょうか。**


ＭＡＣＯ　賛成です。思っていたとおりです。

人間の頭の中にある概念は、ほとんど「人間でできるレベルだとこのくらい」というものでできています。本来、人は想像できないレベルの肉体のパワーを持っていて、だからこそ「火事場の馬鹿力」という言葉もあります。

それを普段は発揮できないのは「人間だからこれくらい」という思い込みの意識で

生きているからなんです。だから、その制限のもとで願いを特定してしまうと、制限のかかった願いでしかないんです。

リュウ博士　なるほど。僕もね、昔は具体的な願いを設定していました。紙に書いてね。三〇代の前半なんですが、それはそれで叶ったんです。

MACO　もちろん叶うのです。私も紙に書きましょうと提唱しますから。そうすると、「あんまり細かく決めなくていいって、矛盾じゃないですか？」とかって突っ込まれそうな気はするんですけど。

リュウ博士　突っ込みましょう（笑）。

MACO　「制限を外そう」というのは、起きてくることにも制限を外そうということ。想像以上のことを起こそう、体験がないものを起こそうということだから、想像できるわけがないですよね。

リュウ博士　そう。

MACO　イメージもできないようなものをつくりましょうということです。なるべく具体的に目標を思い浮かべたほうがいいとか、To do list を作って、とかいうやり

リュウ博士の一言
紙に書く系では、ロンダ・バーンの『ザ・シークレット』が有名。僕もかつては実践していました。

方もありますけど……。

リュウ博士　僕の場合は、神社によく参拝するようになってから、具体的に目標を設定するというのができなくなっちゃったんですよ、実は。

神社には、要するに願望があるんです。**神社にはいろんな人々の祈り、願望があって、その中で自分が実現できる願望を受け取るんです。これがご利益っていうやつなんですね。**

つまり、たとえばMACOさんの願望が神社にある。それをたまたま僕が叶えられるんだったら……。

MACO　かなり大きな願望ですけど。宇宙平和ぐらい（笑）。

リュウ博士　その一部を僕が叶えられるとすると、僕が叶えるわけです。

僕がMACOさんの願望を叶えるということは、何らかの仕事を通して成功を収めるということ。それは誰かの助けになるということです。

仕事は概《おおむ》ね誰かの助けになることですよね。そうすると、結果的にお金や何かが入ってくることにもなる。お金をはじめ、わかりやすい「欲しいもの」っていうのは、実は副産物。その前に、誰かの願いを叶えている。

MACO　そうか。願いが叶う前に誰かの願いを叶えているって考えるんですね。すごい！

何も考えないで「お役目」をいただく

リュウ博士　それを僕は「お役目」っていう言い方をしているんです。お役目を受け取る。このお役目を受け取るときに、「あなたならこれできるでしょ」と言われる。

ここでもし、自分があらかじめ目標とか願望を設定してしまうと、「このお役目は無理です。このお役目しか受けません」みたいになってしまうから、すごく制限になる。もったいないですよね。

それと、お役目を受け取るときに「声」として聞くという姿勢だと、かえって迷うと思います。

つまり、声のチャネリングでメッセージを受け取るというようなこと。それだとやっぱり自分の中のバイアスというか、偏見が大なり小なり入ってしまう。

何も考えない、真っ白でいいと思います。別に真っ黒でもいいけど。

MACO 真っ黒（笑）。じゃあ、博士は何かをお願いしているわけではないんですね。

リュウ博士 何も考えないです。もう「何でもやりますよ」っていうことですよね。

ただ、何も考えずに空になって手を合わせたときに、フッと願望が思い浮かぶこともある。それはお伝えします。

たとえば「この本が売れますように」という願いがパッと浮かんだら、それは素直な気持ちなので、そのままお伝えする。

何も願望が浮かび上がらなければ、そのまま帰る。逆に言うと、**いま、この神様の前でフッと出てくる気持ちは、本当の願いなんです。本当の願いというのは、頭で考**

えてもわからない。 いろんなものが出てくるから。

MACO 違うものが出ること、ありますよね。

リュウ博士 空になるとは、「願いは努力すれば叶う」というのと、ちょっと違った話になるでしょうか。

MACO でも私、すごい努力しますよ（笑）。

リュウ博士 努力家ですよね。

MACO 努力しているか、していないかと問われたら、私はわりと努力が好きな人間だと思います。

何かを一生懸命やっていたら、心地いいところがありますからね。はたから見ると「頑張っているね」と言われることは、けっこうあります。

でも、本人はそう思ってないんですよ。やりたい努力をしているだけだし、やってしまわないと寝たくないからやっているだけ（笑）。

別に何か強迫観念でやっているわけでもない。

リュウ博士 まあ、MACOさんは非常にバイタリティがある人っていう言い方になるのかな。

MACO　そうですね。バイタリティはあると思います。恐らく殺しても死なないと思います。

リュウ博士　ああ、すごいですね。僕は真っ先に死ぬと思います（笑）。

MACO　そうですか（笑）？　博士はだんだん元気になってきた気がしますが。

私、今日も寝たのは五時半なんですよ。起きたのが七時半だから、二時間しか寝ていない。でも元気ですよね。食べ物で生きているとか、睡眠で生きているとかじゃないんですよね、たぶん。

リュウ博士　プラーナ（宇宙に充満している生命エネルギー。プラーナを「食べる」ことによって、食物を取らずに生きることも可能だといわれる）ですか？（笑）

MACO　そう、プラーナ（笑）。そういう状態なんですよ、おそらく。もちろん体に気をつけて、変なものを食べたりとかはしませんけどね。

体が欲する自然なもののほうが好きだから、外食とか出来合いのものってそんなに好きじゃないですし。わりと自然派ではあるんです。

でも、「体にいいものを食べなくちゃ」というわけでもなくて、食事は不規則だったりもしますし。やっぱり、もはやエネルギーで生きているんだなっていう感じがします。おやつも食べますし（笑）。

リュウ博士　じゃ、「こういうふうにしないと体調が悪くなる」とか、そういうマイルールのようなものもないっていうこと？

MACO　ないんですよね。それだと、たぶんもう、すでに死んでる感じで（笑）。体に悪いことばっかりしていますよ。

リュウ博士　それを言ったら、僕は一回どころか、もう何回も死んでいることになる（笑）。

MACO　そう？　博士、健康的に見えますけど。

リュウ博士　顔色はいいですよね。自分で言うのもなんだけど。生活は荒れています。

MACO　そんなふうに見えない。

リュウ博士　「そんなに生活が荒れているのに、どうして肌は元気なんですか？」と言われることがありますね。まぁ、「知らん」としか言いようがないんですが（笑）。

なにか元気の素《もと》ってあるのかな？　やっぱりエネルギーだと思いますね。それこそプラーナを取り入れている感じがしなくはないです。神社をはじめ、いろんなパワースポットに行くのが、あえて言うと健康の秘訣になるかもしれません。パワースポットだけじゃなく、妻と電話するとかでも元気になるしね。

悪態は心の本音。神社で悪態をついてもいい

MACO　私ももともと元気だったわけじゃなくて、本当に小さい頃は、たぶん生きながら死んでいたと思うんです。

リュウ博士　えっ、本当ですか？

MACO うん。若いときは、自分が生きていると思っていたことがほとんどないんですよ。生きながら死んでいるぐらいにしか思ってなくて。昔、『北斗の拳』ってあったじゃないですか。「お前はすでに死んでいる」というセリフがありましたよね。「それ、私のことだ」って、ずっと見て思っていましたから。

リュウ博士 どうして？

MACO やっぱり、悲観的だったから。人生に対して、「良いことない、楽しいことない、何やってもうまくいかない」。もうずっとそういう気持ちを持っているじゃないですか。

それこそメンタルが常にやられている状態だから。だから、神社にも初詣のときなどには行っていたんですが、すがるような気持ちで行くんです。

以前参拝した金運の神社で、「お金が回らない！」と大きな声で神社に向かって怒っていた人がいて。

リュウ博士 そんな人がいたんですか。

MACO　でも、あれはいつかどこかの私だなと思ったんです。自分も昔はこんなエネルギーを出して、神社で悪態《あくたい》をついていたなって。

「なんで、私だけこんな環境で生きているんですか？」って。

家庭環境は、父が借金をつくったりギャンブルをしたりして、本当に大変でした。母がいつもそれに愚痴《ぐち》を言う。壁に向かって独り言を言っているんですね。ずっと鬱《うつ》みたいな状態を続けていました。

だから、「なんで私だけ、こんなところに生まれなきゃいけなかったんですか？」って、神社で言ってたんですよね。初詣に行っても、お願いごとをする前に、まずは悪態をついていました。

「なんで試練が私にだけ降りかかってくるの？」ということをさんざん神社で伝え、最後に「助けて〜」とお願いをして帰ってくるという状態でした。

お願いというよりも、完璧にすがるというか。そういう神社参拝の仕方をしていた子ども時代は、すでに死んでいると思っていました。

リュウ博士　なるほどね……。

でもね。MACOさんがいま言っていた悪態をつくということ。実はこれ、いいんですよ。神社で悪態をついてもいい。これはお伝えしておかないといけない。

MACO　へぇ～！　いいんですか？

リュウ博士　いいんです。

さっき、お参りしたときにフッと頭に浮かんだ願望は伝えましょうと言いましたよね。これと同じで、悪態というのは心の中の本音を出しているだけだから。

神様の前で嘘をつく必要はありません。ただ悪態をつきたいからついている。ここで、「神様の前で悪態なんてとんでもない」と考えて悪態を抑えるとするじゃないですか。すると、この悪態はどうなるんですか？　ということです。消えてくれればいいけど消えないですよね、抑えたわけだから。

だから、心の中の本音は出していいんです。それまで出せるところがなかったということですからね。たぶん、その神社で吠えていた人も、会社とかでは言えないんですよ。

MACO　かもしれないですね。

リュウ博士　そりゃそうですよ。でも、神様の前では、それは出していい。マイナスを素直に出して、出して、出していけば、そのうち別の感情が上がってくる。プラスの感情も浮かび上がってくるんです。

MACO　その辺は、私の伝えていることと一緒ですね。ネガティブを抑えても、どうせまた出てくるから、出して出して、出して出して。

リュウ博士　**ネガティブな感情は出しちゃいけないと思っている人がいるけど、出していいんです。そして、それがある程度出たら、次の感情が出てくる。**それは必ず、人生を明るく変える意志だったり意欲だったりするという話です。まあ、一緒ですよね。

リュウ博士　うん、そのとおり。

MACO　ただ、「神社で悪態ついていい」と言われたのは初めて。「そうだったんだ」とびっくりしましたね。

神様に対してそれはいけないって思っていたから。神社で悪態をついている人を見たときには、「ダメでしょ、そんなこと神社で言っちゃ」という気持ちが出たから。

リュウ博士　まあ、神社参拝のマナー違反ではありますよ、それは（笑）。マナーは守りましょう。他の参拝者さんへの迷惑という意味でね。小さい声で悪態をつくとかね（笑）。

MACO　マナーという意味では違反かもしれない（笑）。でも、神様がそれで怒ったり機嫌を悪くされたりするわけじゃないですもんね。

リュウ博士　そうそう、そうなんです。結局、神様に否定はないですから。

MACO　ああ、そうですね。

リュウ博士　怒っている人というのも一つの表れでしかない。

MACO　怒っている人を否定もジャッジもしないっていうことですよね？

リュウ博士　そういうことです。

MACO　神社には、宇宙本来の氣が流れていると思うんです。「高い波動」と言うとありきたりな表現ですが、清々《すがすが》しい氣が神社にはある。

だから私は気持ちが落ちたときほど神社に行きます。そこで自分を出すことでよくなっていくというのを感じるので、博士の話を聞いて納得です。

リュウ博士　願いごとを叶えるための心の準備は何かって言うと、素直な気持ちが出るようになればいい。単純にこれだけなんですよね。

素直な気持ちの出し方は、人によって違いますからね。自分の心の奥底から、フッと何が浮上してくるか。それは自分でもわからない。

ネガティブな気持ちを認めて出していくと、その後に何が浮かび上がってくるのかって、予想がつかないんですよね。

ネガティブな感情を一旦出す

リュウ博士　僕自身、ネガティブな感情を出す練習をしたことがあります。

僕が試したやり方は、へその下の丹田《たんでん》からバッと出す。イメージで言うと、このへその下を思いっ切り押すっていう感じなんですよ。

本当に押すわけじゃなくて、イメージですよ。押すと、ピュッと出てくる。

MACO　圧力で出てくる感じのイメージ？

リュウ博士　そう、圧力で。何が出てくるのかなって思ったら、「この野郎！」みたいな内容しか出てこないわけですよ。それこそ「借金どうすんだ！」みたいなね。罵《ば》声《せい》的な音が出てくるんですよ。

これはこれで一つの本音なんだけど、その後でフッと、たとえば喧嘩《けんか》している誰かと和解したいっていう気持ちが湧いてきたりとか。

「なんだこれは？」と思いますよね。それまでは和解しようなんてカケラも考えてなかったのが、「あ、そんなこと思っていたんだ」ということがあるんですよね。

だからもう、神社でもどこでもいいんですけど、本音を吐き出せるところは必要だと思います。

特に精神的なことに興味を持ちはじめた頃は、溜まっているものは一回出してから

リュウ博士の一言

丹田に意識を置いて生活すると、地球の中心からエネルギーをもらえます。

のほうがいいんじゃないですか。
一旦ある程度出してからだと、たとえば内観《ないかん》とか瞑想といったことで心のいい状態を保っていくのはすごくいい。
だから、最初に心を洗う行事が必要なんです。

MACO 美容でもそうですけど、まずはいっぱい出して、デトックスしてから入れないと、いい成分も吸収しないとかいうじゃないですか。
だからまず内側を奇麗《きれい》にするところから始める。あれと一緒かな。

リュウ博士 そうですね。神社に限らず、自分の本音を吐き出せる場所があることは大事です。
先にもお話ししたとおり、神社で悪態をつくのもいいんじゃないでしょうか。たぶん悪態つきたい状態だと、素直に神社に行けるようなメンタルではないと思います。「なんで神社になんか行かなきゃいけないんだ」って、ブーブー言いながら行くぐらい。

MACO そういう時期ってあるんです。ネガティブが出てくる時期。

といっても、私は本の中では、それは誰かれかまわず吐き出したらいいというものでもないよ、と言っているんです。

たとえばパートナーだったり、家族だったり、友人だったり安心して吐き出せる相手がいる方がいらっしゃると思う。信頼できる相手に吐き出せるのであれば、それはいいですよね。あとは、神社で自分の素直な言葉が出るようになればもちろん素晴らしい。

でも、そこまでいかないで、誰かれかまわずやる人っているじゃないですか。会う人会う人に、「ちょっと聞いて」と吐き出してしまう人。

リュウ博士　いますね。

MACO　誰かに言えば、一瞬は楽になるかもしれないけれど、やっぱり根本解決にはならない。本当に信頼できる相手だけにしたほうがいい。そうたくさんはいないと思うんですよね。

私だって、自分のネガティブな感情については多くの人には言わないですから。

リュウ博士　あ、そうなんですか。

MACO　言うのは一人か二人です。人によっては、私はネガティブなことを言わないと思っているかもしれません。

でも、もちろんネガティブが出ないことはありません。いっぱい出してきましたから。ただし、聞いてもらう人は、誰かれかまわずではなくセレクトしています。

リュウ博士　うん。そのほうがいいですよね、お互いのためにというか。

眠ることもヴァーチャルな神社参拝

リュウ博士　逆に、誰にもネガティブを吐き出せない人もいると思うんですよ。そういう人は、いっそのこと、一日中寝ているのがいいと思うんです。

眠ることと神社参拝は「見えない世界に入る」という意味で共通しています。やりようによっては、眠ることは「ヴァーチャル神社参拝」になります。

どうするかというと、まずは一日の終わりにお風呂に入る。これは「一日のみそぎ」です。神社でお参りする前に手を洗うのと同じこと。

本当は「水垢離《みずごり》」といって、頭から冷水を浴びるとより効果的なんだそうですが、無理をする必要はありません。僕も冷たいのは苦手です（笑）。

お風呂に入って、パジャマに着替えたら、ベッドの上で一〇分ほど瞑想《めいそう》をします。これは難しく考えなくても大丈夫。**寝っ転がったまま、目を軽く閉じて、鼻で腹式呼吸をする。そして、呼吸に意識を向ける。「吸ってるな」「吐いているな」と意識するんです。**これだけでOKです。

腹式呼吸には、ネガティブなエネルギーをブロックする効果があります。しばらく続けていると、へその下にある丹田が活性化して、ネガティブなエネルギーをブロックする力が強くなります。

瞑想していても集中できず雑念が湧いてくることもあるでしょうが、これは気にしなくて結構。「でも気になる！」というなら、気にしていることを気にしなくていい(笑)。雑念は流れるがままで大丈夫で、出るのを抑えつけないでください。

最後に瞑想を終えるとき、合掌して祈りの言葉を唱えましょう。

「今日一日、無事に過ごすことができて、感謝いたします。祓《はら》い給《たま》え　清め給え　祓い給え　清め給え　祓い給え　清め給え」です。祈りの言葉を唱えるときには、もう眠っていることも多いですが、それで構いません。

こうやって、体と心の祓いをして「神聖な自分」になってから眠るようにすると、不思議と現実がいいように変わっていくものなんです。

MACO　私も、寝るのはいいと思います。エネルギー転換したいとき、私は寝ます。やっぱりお風呂に入って寝ちゃいますね。

寝て起きたら、変わっていることはけっこうあります。眠るとすごくいい周波数が出るから。

リュウ博士　そうそう。寝ている間に潜在意識がいいほうに書き換わるんでしょうね。これは、一人で傷を癒《い》やす……っていう感じですかね。

積極的に人生を送りたくとも、いま、どうしてもメンタルが落ちているときってありますよね。周りからは「大丈夫　大丈夫！」と言われても、本当に大丈夫かどうか、自分の心の傷が治ったかどうかの感覚は、本人にしかなかなかわかりません。

気持ちが落ちているときは休む期間が必要だと思います。寝るのもそうだし、人と話さないでなるべくしんどい人間関係から逃れるのも休むことです。

MACO　あえて孤独になってみるのは、私もよくやります。

「一人在《あ》る」ということをやってみる。孤独ってすごいですよね。孤独でいるときって、すごく進化するというか、抜けていきます。

だから、あえて一人になるとか、話さないで自分の中で孤独と向き合ってみるとか、自分の声だけと向き合うとか、やりますよ。

まあ、それで余計ダメになる人もいるのかもしれないです。状況や時期、段階にもよるんでしょうね。どんどん落ちていく人もいるのかな？

リュウ博士　どうでしょうね？　人のせいにする、あいつが悪い、これが悪いっていうのが最初にバーッと出てきますからね。

ただ、誰が悪い、あいつが悪いっていうのは、要するに、その誰かと私との関係です。孤独になると、そういう「誰かとの関係における自分」「誰か用の自分」というのが、だんだん消えてくるんですよ。

そうすると、「ただの自分」が出てくる。この「ただの自分」が出てくるまでは、休んでいたほうがいいかもしれないですね。

ここまで出てくると、孤独の良さがわかってきますね。誰かが悪いって言っているうちは、ちょっと遠くに旅したほうがいいかもしれない。

MACO ああ、場所を変えるんですね。

リュウ博士 うん。その人たちとは違う、遠くの場所ですね。僕は「一〇〇キロメートル以上離れろ」と言っています。普段の生活圏から一〇〇キロ離れる。

MACO 一〇〇キロ、けっこうな距離ですね。

リュウ博士 東京に住んでいる人なら、熱海ぐらいになる。

MACO じゃあ、ちょっとした旅行の距離ですね。

リュウ博士 そこまで行くと、「誰かが悪い」というのが消えるんです。

自己嫌悪との付き合い方

リュウ博士　あいつが悪い、こいつが悪いって思っていると、自己嫌悪が出てくる人もいると思います。

「人のせいにばかりして、自分は最悪だな」と。自分を責める方向に行くのか、他人を責める方向に行くのかのどちらかに行く。

MACO　そう、どっちかしかないんですよ。「あの人が、あの人が」と言うか、「全部私が悪いんだわ」と言うか。どっちもあんまりよくはない。

自分を責めても、負担に感じてしまう人もいると思う。「いまの状況は、全部私がつくったんですよね？」というご質問をいただくこともあるんですが。

リュウ博士　「そのとおりです」って言ったら、どうなるんだろう？（笑）

MACO　いやいや（笑）。

リュウ博士の一言

自己嫌悪を克服するためには、毎日の掃除もおすすめ。神社参拝をしなくても、負のスパイラルから抜け出すことができるでしょう。

リュウ博士　いわゆる、「起きている現実は全部自分がつくったものだよ」という考え方ですね。

MACO　そう。「現実は自分の内側の表れ」ということを学んで、覚えている人だと、そこから短絡して「私が悪いんですね」となってしまう。

リュウ博士　いいか悪いかという良し悪《あ》しの話じゃないんですよね。

でも、どうすればいいんでしょうね？　もうそういう時期だから、しばらく落ち着くまで待とうということになるんですか？

MACO　一つはそうです。気持ちがワーッとなってしまっているときは、休んで待つのがいいでしょうね。

もう一つは、現実というのは自分のせいかどうかということではなくて、「次はどういうふうに変えていきたいか？」を教えてくれる過程だと。見方を変えましょうという提案をしたりします。

リュウ博士　そうですね。何か一つでも小さな成功体験があると、ガラッと変わるんですけどね。

豊かな「無駄」が成功につながる

MACO　成功体験は本当に大切。一つでも成功体験がある人は、強いと思う。最後の最後で自分に軸を戻せる人は、成功体験がある人ですから。

私もそうですが、昔からまったく成功体験がなく生きてきて、いろいろなことを勉強して、いまはわりとやりたいことをやれるように、自由にいろんなことを考えられるようになった。これって成功体験じゃないですか。

これがあるから、たぶん落ちても立ち直れる。性格的に大きく変わったわけではないんですけれど。だから成功体験があるかどうかは大事だと思います。

想像以上の結果が来たとか、「こんなことまで想定してなかったのに」というくらいのリターンがあったとか。そういう体験もいくつか持っているから。

リュウ博士　なるほど。そういえばMACOさんは、そういう成功体験が来るまで、けっこう時間がかかったのですか?

MACO　かかっています。ある意味かかりすぎですよ(笑)。

自分で遅咲きと言っているんです。もう一〇年早く変えられていたらよかったんですが。年齢的にもいろいろきつかったですよね。四〇歳半ばになって起業したから、職場を辞めるのも気持ち的にすごく大変だったし、もう一〇年若かったら、もう少しフットワークも軽くやれたのでしょうね。

私は勉強ばかりしていたんです。でも、学んだことを使ってはいなかった。使わないままにいろいろな知識を集めていく、「知識ショッピング」がひどかったんですね。だから、成功体験を得るまで時間がかかりました。

リュウ博士　その積み重ねが成功に結びついているということですか?

MACO　あるとき、「こんなにたくさん、いろんなことを知っているのだから使わなきゃもったいないな」と思ったんです。なんと、使った瞬間に変わりました。

結局、使わずに知識を保持していた期間が長かっただけで、使った途端に変わっていったんです。ほんとうに一瞬で。だから、ブログもどんどんアクセスが伸びたし、本のオファーも次々入ったんです。

本当に短期間で急にババババババッていろいろなことが起きた。でも、何もしてないんですよ。日々書きたいことを、毎日ブログに書き続けたというだけで、何か特殊なことは一切してない。とにかく書くのが楽しくて、毎日続けました。

そのあたりから、勝手に必要なことが起きるようになりました。人のご縁もそうですし、お金もそう。私は一時、家賃が払えないようなレベルだったんですね。家中の物をオークションで売ったことがあるくらいだったんですけど、「えぇーっ!?」っていうくらいのお金の流れになって……。

こういうことを四〇代後半から、この四年ぐらいの間にギュギュッと凝縮して体験しているんですよ。それまでは成功体験はほとんどなしです。

リュウ博士　それまでのお仕事では、保持した知識を使うことはなかった？

MACO　学校で子どもたちを教えていたんですが、そこで使う知識と、こういうのとではまた少し性質が違うんです。

学校では、子どもたちをどう授業に乗せるかとか、こっちを向いて聞いてもらうようにはどうしたらいいかとか、ちょっとしたテクニックが必要だったり。

だから、モノマネを覚えたりといったスキルはどんどんアップしていました。

リュウ博士　そんなことしていたの？

MACO　知的障がいがある子どもたちを教えていました。それぞれ個性があります。たとえば、言葉はわかるけれども数の概念がないという子どもたちの興味をいかに引き付け、その子の持てる力や生きるのに本当に必要な力を伸ばすことを研究すると、人の認知の勉強が必要だったりします。脳のこと、医療のこと、体と心の関係性、さまざまな心理学を学んだりしました。

働きながら外のことも大学院で学んだりしました。そうやって勉強したことがすべて、いまの仕事に生きるかというと、まだ出してないネタはいっぱいあります。引き出しはいろいろあると思うんですけど、出しても誰も読まないと思います。

本に書いても「なにわけわかんないこと言っているの？」ぐらいの。よほど興味がある人じゃないとおもしろくない、マニアックな話とか。でも、少しずつセミナーではしゃべったりしているんですけど。

リュウ博士　『MACOのおもしろくない話』というのはどうですか（笑）。

MACO　そう（笑）。おもしろいけどおもしろくない話。これを知ったからといって人生がすぐには変わらないみたいな。そういう本もいいですね。

「豊かな無駄」ということをここで言いたいんです。無駄って素晴らしい。余裕があるって素晴らしい。博士の言葉で言うと、無駄って「隙間《すきま》」なんですよね。

無駄をよしとしない人が、日本人には多いですね。全部詰めていくこと、そこに何かがあることが豊さだと思っている人。

隙間があるからエネルギーの再合成が起こるんですよ。分子構造がもう一回組み換わるためには、隙間がないと。洗濯物を入れすぎると洗濯機が回らないのと一緒です。

そういう意味で隙間、無駄を私はすごく大事にしています。だから、いっぱい溜めた知識も、小出しで使えるときには使おうかなと思っているんです。本当に「こんな本読んで、何の役に立つの？」という本も多く読みましたので。どこかで、また（笑）。

あんまり、目先の彼氏を引き寄せるとか、お金を引き寄せるとか、興味ないんですよね、そもそも。

リュウ博士　あ、そうなんですか。

MACO　うん。それができたけど、幸せを感じないという悩みもいただくし。その二個先くらいのことを伝えたくて作家をやっています。

全部、感情エネルギーにつながっていくんだということが言いたくてメンタルについての本を書いています。

「彼氏はできたんですけど、なんか心配でしょうがないんです」というような人を量産したいわけじゃない。

リュウ博士　ああ、彼氏ができたらできたで心配でしょうがない人。

MACO　今度は「失いたくない」という不安が強くなってしまったりね。本当にそういうケースはわりと多いんです。そういう人を生み出すような本を書きたいわけじゃないんです。

神社では「本当の自分」になる

MACO　神社についても「本当の自分につながりに行くんだよ」と、講座生には言うんですね。

お願いごともももちろんいいけれども、「自分を出す」っていう意味で、「本当の自分になる」と意図してから行きましょうね、と言ったりしています。

決意を言うのもそう。素直に欲しいものを言おうということです。

「願いごとのディスカウント」と言うんですけど、「二割くらい引いといたら叶いやすいかも」という発想を、特に女の人はよくやりがちなんですよ。

一〇個願いがあるとしたら、三つぐらい項目を引いておいたら叶うかなとか、一〇〇万円は大きいから八〇万ぐらいにしたら来るかな、とかね。

でも、宇宙さんからすると——たぶんそれは神社の神様も同じだと思いますが——一円も一兆円も一緒じゃないですか。
必要な人には必要な分だけお金が回るけれど、お役目も回る。やっぱり、使いもしない人、お役目もない人のところに、ジャカジャカと一〇億円が回り続けるということはあんまりないと思うんです。
私も「そんなにお金は回らなくていい」と思った時期がありました。「生活ができればいい」と。そう思ったのは、たくさんお役目が来たらイヤだなと思ったからです。そもそも私、人に知られていくのが嫌いなんです。
リュウ博士 本を出しているのに、有名になるのはイヤなんですか？
MACO 街中で、たまにジーッと顔を見られたりすることがあるんです（笑）。博士、電車の中で「リュウ博士ですか？」って言われることないですか？
リュウ博士 いや、数えるほどならあります。二回かな。新幹線で声をかけられましたけど。
MACO いままでに、何回かありましたね。ジーッと顔を見られてどうしようか、困りました。

最近もあったんです。私の顔をジーッと見た後、パッとスマホを出して、何か打ち出すんで、「MACOさんがいる」とか、誰かに打っているのかな？　と思ってしまったりして（笑）。

リュウ博士　ツイッターで拡散されたりね。

MACO　（笑）。でも、私を知っているのは、相当コアなファンだとは思いますけれどね。そんなにメジャーではないとは思っているので。

そういうのがあって、「役目をたくさんもらうと人にたくさん知られちゃう。でも自分の存在をあまり知られたくない」と思った時期はありましたね。そこそこでいいやっていう。

リュウ博士　そこそこ（笑）。売れないのはイヤなのですね。

MACO　まったく売れないのもイヤなんですよ。本書いているのに売れませんでした、と言われるのもイヤだったり（笑）。

リュウ博士　難しいですね（笑）。微妙だなぁ。

MACO　そう。ちょうどいい感じでお願いします、という。

たぶん、いまはいい感じなんだと思うんですよね。全部ちょうどいい感じでいってしまうのは、ひょっとしたら自分がそういう意図を投げ続けているのかなと思ったんです。

リュウ博士　なるほど。でも「そこそこでいい」というのはMACOさんの本とちょっと矛盾しません？（笑）

MACO　私の〝そこそこ〟は、「MACOさんの〝そこそこ〟、全然〝そこそこ〟じゃないよ」と言われたことがあります。

リュウ博士　あ、なるほど。他人から見たらとても〝そこそこ〟と思えないくらい願いが大きいと。

MACO　「本が二、三万部売れればいい」というのは、たぶんそこそこの感覚ではないよ、とは言われたんですけどね。

「そもそも、本をたくさん出しているじゃない」と言われたり。だから、たぶんその基準がぜんぜん違うんでしょうね。

ブログもアクセスランキング一位じゃなくていい。五、六位でいいとか。

リュウ博士　乙女心って複雑ですね（笑）。

MACO　そう。私自身、まだまだおもしろいメンタルブロックがあって、そのブロックをいまでも楽しんでいるんですよ。

お金も足りないとか、必死でやりくりしないといけないのはイヤだけど、有り余るほどでなくていいとかね。

いまはお金については、わりと自由自在に動かせるようになりましたけどね。「私の体を自由に使ってください」と神社で参拝するようになってから、お金の巡りは良くなりました。「この体を捧げます」という感じ。かといって、犠牲という意識でもないんです。

以前は、「人のために良いことをすれば、死んだら良いところに行けるんだ」くらいの感覚だったんですが、いまはそうじゃなくて、「どうぞこの体をご自由に、宇宙さんお使いください」という意識です。

「神様、もしできることがあればやります。できないことはやりません」という気持ちで。本当に軽く、いつも言っているんですよね。

それが、さっき言った特定の、手帳に具体的な目標を書くような願いごとをしなくなったということにもつながっています。

個人の願いごとをするのにあんまり興味がなくなって。全体に貢献するって言うんですか。そういう感じのことを、神社で参拝したときにつぶやいてくる。

リュウ博士　神社はそれでいいと思いますよ。

また神道と仏教の違いの話になりますが、いろんな解釈があるなかの一つに、神道は集団主義で、仏教は個人主義だということがある。つまり、神道っていうのは、全体のため、社会のためにある。仏教っていうのは、個人の精神的な成長のためにある。

仏教はあくまでお釈迦様という個人の悟りを我々は学ぶわけだけれども、神社は社《やしろ》、社会ですから。だから、私たちみんなのためにある。

MACO　なるほど。そうなんですね。

リュウ博士　うん。だから、クルマの両輪なんですよね、仏教と神道は。個人主義の部分と共同体主義。この両方とも必要ですよね。

日本では二つがうまく混ざりました。もともと八百万《やおよろず》の神々の国ですから、仏教が

リュウ博士の一言

お寺なら、一度は高野山（和歌山県）に行ってみるのがおすすめ。神道とはまた違う、修行の場を体感してみましょう。

伝わったときに「仏も神様の一種」として日本人は受け入れたのですね。神仏習合《しんぶつしゅうごう》といって、日本では神道と仏教が混ざって一つの信仰になっています。

前に、神社は進化・発展で、仏教はいま、この瞬間に幸せになることを考えると言いましたよね。**神話からつながる過去の知恵の継承と、未来への希望を受け持つのが神道。いまここ、この瞬間をどう生きるかという物事のとらえ方を担当するのが仏教。**

この二つが交わると、人生の歯車がピタッと合う。神仏習合のもとで、神道と仏教はみごとな役割分担をしてきたのですね。

MACO　へえー、おもしろい。

神社で願うことが変わっていくプロセスというのは、人にもよるのかな、とも思うんですが。必ずしも個人の願いから全体の願いへ、という行き方でなくてもいいんじゃないでしょうか。

リュウ博士　そうですね。たぶん、さっき話に出た、素直な状態になるというのは、入り口であり、出口でもある。神社入門でもあり、神社参拝の上級編でもある。それでいいんです。

また、どんなお願いをするかは、そのときによりけりです。集団の願いをするかもしれないし、個人の願いをするかもしれない。これも混じっている。

MACO　実は私も、「個人のお願いは絶対にしない」と決めているわけでもなくて、することもありますから。それこそさっき博士がおっしゃったように、行ったときに願いごとが出てきたらします。

「この本が売れますように」ともちろん願うし。手帳（『願いを叶える手帳』永岡書店）が出たときには「完売しますように」ってお願いした記憶があるんです。

リュウ博士　そう。だから、この本が出版されるときにはね、MACOさんは〝そこそこ〟って言っていますけど、〝そこそこ〟を超えて売れてほしい（笑）。世界が注目するぐらいでもいい。

MACO　ねぇ（笑）。でも、そこまで行きたいです。

リュウ博士　「MACOさんがテレビに出ることになってもぼくは構いませんから」とか、いろいろ言っておきます（笑）。

あなたも私も神様の一部

リュウ博士　前に言いましたが、神社に行くのが好きになってくると、神様のことを知りたくなってくる。

で、神様のこと知りたくなってくるっていうことは、すでにある種の愛情を感じている。要するに、愛とは知ることであると。

そこまで来ると、神社にかなりハマってきているし、神様のお役目を実現する一人の人間になってきているんだと思います。もうすでにお役目が来てる状態になっていますね。

ＭＡＣＯさんが白山神社とご縁があるというのも、白山比咩チームにＭＡＣＯさんがいつの間にか入っているようなものです。たぶんもう入っているんですよ。

ＭＡＣＯ　そうですね。白山神社にお参りしてこの仕事に入っているから、やっぱり、私には白山神社が一番かな。このお仕事のご縁にくってもらったんだと思うんです。

リュウ博士　それは神社を通して人とつながっているということでもある。だから、氏神《うじがみ》様がどうして大事なのかと言うと、自分が住んでいる場所の人たちといい関係を結んでいくのであれば、氏神様を参拝するのが大事だということなんです。

ただ、人が生まれた場所で暮らし、そして死んでいった時代は、生まれた場所の神社に参拝すればよかった。いまは生まれた場所で死なないですよね。いろんな場所で活動するし、それこそ、住んでいる場所と働いている場所もかなり離れている人が珍しくない。

そうすると、もう、いろんなところの神社とご縁を結んでいいと思います。家の近くも、職場の近くも、他のところも大事。

あるいは、世界で活躍したい人は、海外の人がよく参拝する神社に行かれるといいわけです。東京だったら明治神宮※。関西だったら春日《かすが》大社※とか。ああいうところに行くと海外の人が多いですから。

特に春日大社なんて、七割か八割は海外の人ですからね。

リュウ博士の一言

氏神様を参拝するのと同様、お墓参りもご先祖様を神様として拝むことです。お墓は自分の家の祖先をお祀りする神社でもあるのです。

MACO　春日大社は、一回しか行ったことないですね。鹿がいるところですよね。

リュウ博士　うん。ちょっと奈良の鹿は獰猛《どうもう》ですけどね。この間、後ろから突かれましたけど。ご案内した人たちに春日大社の解説をしていたら、後ろからドンって突かれて、「おっ！」って。

MACO　怖い（笑）。

リュウ博士　ともかく、神様を介して人とつながっていく、ということですね。お役目を果たすというのも、結局は人間界でお役目を果たしているんです。それを神様が望んでいる。

じゃあそもそも神様とは何ぞやという話になるんですが、**神社の神様は、人々の祈りでできているんですよ。だから、この本を読まれている読者の皆様も、神様の一部なんです。**

MACOさんも神様だし、僕も神様。神様という全体の中の、われわれは一部。海の中の一滴。

MACO　私の本でも、「自分を神だと思うところからスタートしましょう」と伝えています。ものをつくっていく、何もないところからつくっていく力があるという意味では、神様と働きが同じだという趣旨です。そもそも、私たちは神様から分かれて生まれているから、神の一部だという考え方もできますしね。

挫折をスタートにネガティブから始める

リュウ博士　ＭＡＣＯさんはポジティブ思考については、どういうふうに感じてらっしゃいますか？

ポジティブ思考であることで、人生が良くなるというのは自己啓発本の定番です。だからこそ、ネガティブと言っているＭＡＣＯさんって、けっこう珍しいなと。

MACO　ポジティブ思考自体は別にいいと思います。ただ、私には合わなかっただけですね。

リュウ博士　合わなかったというのは？

MACO　私の場合、ポジティブ思考で行こうと思って気持ちが折れちゃったんですよね。

「常にポジティブでいよう」とか、「どんなこともポジティブに転換しよう」と考えたとき、出てくるネガティブなものを抑えつけてしまうわけです。でも、そうやってポジティブにエネルギー転換をすることがポジティブ思考だと思っていた。

癒《い》やされないものを全部内側に抑えこんで、溜めこんだまま、「さぁ、ポジティブをやるぞ」と思う。これはエセポジティブと言ったほうがいいかもしれない。そういう状態をつくることしかできなかったから、ポジティブ思考で失敗したんですね。

リュウ博士　なるほどね。ということは、自然にポジティブな気持ちになっている分には別にいいわけですね。

MACO　もちろんです。私の場合、実際は自然にポジティブになれないことのほうが多かったんです。

そのときに、自分の感情からいっぱいネガティブな訴えが出るじゃないですか。それを出そうとすることなしに、一回押し戻して、上からポジティブを張り付けて、「さあ、行くぞ」みたいなことをしていました。

張り付けて、それを実践しようとすると失敗しますよね。受け入れることをしてないし、見ることをしてないし、出すことをしてないということですよね。神様の前で本音を言わないのと一緒です。

リュウ博士 自分の本心を見ないで「さあ、行くぞ」とやっても、それはうまくいかないですよね。

MACO そうなんです。そこから、マイナスとか、ネガティブのほうに光を当ててみたんですよ。「ポジティブでうまくいかないなら、じゃあこっちじゃないの？」と思って。

リュウ博士 まずネガティブだろうと。

MACO 最終的には、これをやることによってポジティブに変わるんだよ、ということなんですけどね。

リュウ博士　なるほど。

実は、ＭＡＣＯさんのネガティブからポジティブになっていく過程は、日本的な開運の考え方と共通するところがあると思ったんです。

というのも、**最初にろくでもないことが起こるのが日本神話なんです。その後、とてつもなく良いことが起こる、という。**

前に菊理姫の話をしたでしょう。イザナギとイザナミが黄泉の国で大喧嘩をして、イザナギはイザナミに追っかけられて、一〇〇〇を超えるゾンビにも追っかけられるっていうとんでもない経験をするんです。

命からがらなんとか逃げ切った後に、イザナギは「ああ、もうえらいところに行って穢《けが》れてしまった」と川で禊《みそぎ》をするんですよね。筑紫《ちくし》の日向《ひむか》の橘《たちばな》の小門《おど》の阿波岐《あわき》原《はら》というところです。

この禊をした結果、三柱の尊い神様が生まれた。アマテラス、ツキヨミ、スサノオです。これ、すごく素晴らしいことが起こったということなんです。

イザナギにとって、いままで生んだ神様のなかで最高の神様を生めた。「もう俺の役割はこれで果たした」レベルになっちゃったわけですよ。

大事なのは、この素晴らしいことが起こる前にとんでもないことが起こっていたこと。ネガティブなことが起きて、禊《みそ》ぐんです。するとどんでもなく幸福なことが起こるというのが、日本的な開運の流れなんですね。

いきなり陽じゃなく、最初は陰から始まる、という言い方をしてもいい。

MACO それ、わかります。私が本で書いていることも、陽を見るためには、まず陰がたくさん先に出てくるということ。

たとえば愛に生きようと思ったら、愛じゃないものをまず最初に見せられる。そうして、最後に愛にたどりつくよっていうことです。

だから、**最初にとんでもないことがいっぱい起きますよ、という前提で本とかブログも書いています。そういうネガティブなものと出合ったらバンザイなんです。**好きな人にフラれてもバンザイだし、お金がゼロになってもバンザイ。ただ、そう言うと叩かれるんですよ（笑）。

そこだけ拾い読みすると、「なんてことを提唱しているんだ！」ということになるのかもしれないんですけど。

リュウ博士　そう、あくまでも後に陽にたどりつくんですよね。

MACO　たしかに、博士の話を聞くと、私の考え方は日本っぽいかもしれないですね。

リュウ博士　そうだと思いますよ。前にも言いましたよね。神様のご利益＝ご神徳は、「挫折」と「後悔」から生まれていると。

たとえば戦《いくさ》に勝つというご利益のある神様、諏訪大社のタケミナカタは、神話の中で鹿島《かしま》神宮※の神様にボロ負けしている。でも、そのボロ負けしたタケミナカタが武田信玄や徳川家康が戦勝祈願をするくらいの戦《いくさ》の神様になりました。

考えてみたら不思議。「ボロ負けしているのに、なんで？」と思います。

あるいは、失恋したから恋愛の神様になることもある。貴船神社の結社《ゆいのやしろ》にイワナガヒメという縁結びの神様がいますが、イワナガヒメは夫になるはずの相手から「お前はダメだ」って言われてすぐ追い返されてしまった。

容姿がよろしくないからと断られたんです。まったく恋愛は成就してないですよね。でも、イワナガヒメは縁結びの神様になっている。

MACO　その話、おもしろいですよね。すごくおもしろい。

リュウ博士　おもしろいでしょ？　だから、神様は挫折しているんです。挫折した事柄の神様になっていくんですよね。

　これが日本的な神様で、勝って勝って、うまくいってうまくいって……っていう感じじゃないんですよ。

　でもね、考えてみたらこれは正しい。うまくいき続けている人に、うまくいくコツを聞いても「いや、普通にやってりゃいいんだよ」としか言わなかったりするんです（笑）。

MACO　「なんでそんなことで悩むの？」とかね。それはそうだと思います。挫折したからこそその事柄の神様になれる、と。まさに、ネガティブから始まってポジティブになっていくんですね。

リュウ博士の一言

神様の挫折と後悔からご神徳＝ご利益が生まれます。イワナガヒメは結婚生活が続かなかったからこそ、縁結びの神様になったのですね。

神様は勉強するものではない

MACO　本当におもしろいですね。博士は、神様をどうやって勉強するんですか？

リュウ博士　勉強していないですよ。

MACO　勉強していない？　ネタ元になるようなものはないんですか？　事典のようなものとか。

リュウ博士　いや、ないですね。僕は、こういう精神世界のことは、基本的に勉強しないようにしているんです。

MACO　じゃあ、何を勉強しているんですか？

リュウ博士　神社に行ったら、その神社の由来が看板に書いてあるので、それは読みます。

あとは、本を書くときには正確な情報を書かないといけないので、細かいことを調べますよね。そのときに、自然と目に入る情報はある。それが勉強といえば勉強です。

でも、神道の勉強を体系的にしようとか、たくさん本を読んで知識を増やしていくようなことは僕はやっていないし、やらないようにしたんです。

MACO　やらないようにしているのは、何か理由があるんですか？

リュウ博士　精神世界のことって、文献をあたると、やっぱりいいことが書いてあるんですよ。売れている本、評判がいい本であるほど、読んだら人に言って受け売りしたくなるような、自分が賢くなった気になれるような情報がいっぱい書いてある。

でも、本を読んだからといって、本当に自分が賢くなるんだろうか？　ということなんです。

すごくいいことが書いてあって、それを読んだ自分の知的レベルも上がったと言えば上がっているのかもしれない。ただ、自分の実態と表向きの自分とがちゃんと一致している状態で読まないと、いい本であればあるほど毒になると思ったんです。

つまり、表と裏が一致していない状態で勉強すると、表向きの自分だけが、どんどんレベルアップしていくんです。

でも、自分の実態はまったく変わらない。そうすると、ギャップがどんどん広がっていきますよね。

知識ばかり入れていくと、広がったギャップが後で障壁になっていく。自分の実態をレベルアップするのに、かえってジャマになるんです。

たとえば、他人を責める傾向がある人は他人のアラが目につくようになるし、自分を責める傾向があれば自分のアラが目につくようになってくる。知識を学ぶほど、細かいことがよく見えるし、よく気づくようになるのだから当然です。

そうやってアラがよく目につくと不満も大きくなる。不満ばかりたまって、前向きに拡大していくのは難しくなります。

前にMACOさんが言っておられた、勉強しているがゆえに「全部自分が悪いんですよね」と思い込んでしまう人は、まさにこれだと思うんです。

だから、勉強すればするほど、同時に何でもOKと思えるほど、「気にしない自分」でいる必要がある。あるけれども、そんな人はよほど悟った人ですから、それなら勉強はあまりしないほうがいい。それよりも、実践して、自分の実態を確認していくことのほうがよほど大事ではないでしょうか。

……というのが、僕の精神世界の本に対する解釈です。

まず、自分をごまかさない。ごまかさない自分をつくってからじゃないと、勉強しちゃイカンと思いましたね。

だから、あえて学ぶことがあるとすれば、これから行こうとしている神社について、どんな神様が祀られているのか、どんな歴史があるのかを簡単に予習する。あるいは現地に行ってどこかに書かれている由来を読むという程度のことでいいと思うんです。

MACO すごくよくわかります。なるほど。

リュウ博士 というのは、後付けの理屈なんですけどね。最初は直感です。なんとなく「これは勉強しちゃイカンぞ」と、最初に思いました。

でも、体を使うのはいいんじゃないかと思うんです。自分の体を使って何らかのトレーニングをする。体はごまかしがきかないですからね。

MACO 知識だけだと、ごまかしがきくんですよね。

リュウ博士 ええ。自分はぜんぜん実践できていないけれども、実践できているていを装うことができちゃうんですね。

MACO　できますよね。でも、ていじゃないですか、やっぱり。体を使わないと神髄ってわからないし。頭は嘘つきですしね。

リュウ博士　そうですよね。

MACO　で、すぐ騙《だま》されるし。頭ってけっこう厄介《やっかい》なんです。

私の講座に来た人には、「頭なし人間」というワークをやってもらうんですよ。頭がない人間って、イメージしたらちょっと気持ち悪いんですけど。

みんなつい、考えて、考えて、思考にハマって……という方向に行きがちですからね。「頭がないっていうイメージをしてみてね」と言って、体へ、体へ、体へという感覚をとり戻していく。

リュウ博士　いいですね。行動と思考のギャップが埋まっていくでしょう。表向きの自分と実態の自分が一致した表裏がない状態。これをつくっていくのが、たぶん最初なんだと思います。

MACO　私、まだきっと表裏があります（笑）。

リュウ博士　もちろん。ありますよね。

MACO　まだまだいっぱい、あります。

リュウ博士　僕もあります。だから、勉強するのはもう少し先でいいかな、と思うんです。一致してからでないと知識は毒になる。

MACO　そう。だから私も、身近な人に「知識は要らない」って言っているんです。もう、そんな詰め込まなくていい。「勉強したかったらしてもいいんだけど、学んだことはクラウドに上げておいて」と言います。脳の中に入れておくという感じじゃなくて、クラウドに上げておいたら必要なときに思い出せますから。

リュウ博士　ついつい、頭をパンパンにしてしまいがちですよね。

MACO　脳の中に知識を詰め込むと、思考に持っていかれてしまいますから。そうではなくて、知識を受け取ったら、パソコンと一緒で、クラウドに上げておいて必要なときにダウンロードすればいい。というより、その時が来れば勝手に思い出すものだと思うんですよ。

必要なときに、忘れていたのになぜかポッと思い出す。人の体って、それぐらい素晴らしいスペックを持っていると思うんです。脳もそうです。
だから、「脳はそのように使ってね」と言っているんです。脳は知識を溜める場所じゃない。神社に行くときも、私は頭が空っぽです。

リュウ博士　そう考えると、本というものの役割もちょっと変わってきていると思いませんか。

MACO　間違いなく変わっていくと思います。

リュウ博士　いわゆる役に立つ知識をお伝えするというよりは、実践を促していく。そういう形式の本のほうが、増えてきているんですよね。

MACO　私の本も、知識や情報というよりも、体を使ったりする方向に行きたいと思っていて、少しずつスライドしています。知識や情報の教科書みたいな本はもう出ないんじゃないかと思います。

リュウ博士　そうですか。じゃ、代わりに僕が出します、教科書みたいな本（笑）。

MACO　とは言いつつも、私もまた出したらすいませんなんですけど（笑）。でも、書き方は変わってくると思っています。

この本が出るのも、私にとってはこれまでとは違うパターンです。まさかこんなお話が降って湧いてくるとは思わなかったから。ちょっと「どうしよう」と思っていました。いまだに「私が博士の足を引っ張ったらどうしよう」ぐらいのことは思っていますから。

リュウ博士 引っ張るんですか？（笑）

MACO 人選を間違えたと心の中で思われてはいないだろうか……と。

リュウ博士 それは被害妄想です（笑）。ものすごい被害妄想ですよ。

MACO 私は自己否定が強いんです。「どうしよう。私で良かったのかしら？」とか、一瞬ちょっと思いました（笑）。

リュウ博士 へぇ〜、そんなことを思っているんですね。

MACO もう少し神社っぽい方、神社の本を出されているような方のほうがよかったんじゃないかとか。

リュウ博士 ああ、それはオーソドックスっていえばオーソドックスですよね。でも、MACOさんが神社について話すほうが広がりが出ますから。ニュータイプですよ。

私ともう一人、神社に詳しい方との組み合わせだと、やっぱり勉強的な内容になりすぎるんじゃないでしょうか。

第4章

神様に愛されるつながり方

神社参拝のキホン

リュウ博士

神様を
知ろうとする態度は、
神さまに対する愛である。
そうすると、神様からも
愛されるのです。

×

MACO

神社は助けてくれる、
サポートをしてくれる
ものなので、
「自分で行動します」という
前提で受け取ります。

構えないことでご利益を受け取る

リュウ博士（八木龍平）　これは、僕は最初に神社の本を書いた時に紹介したエピソードなんですが、二人の人が同じお社《やしろ》の前でお祈りをしていた。

一方の人にはお社から風がビュービュー吹いてくる。もう一人の人には風がまったく吹かない。この違いは何なのか。

風が吹く人というのは、要するにご利益を受け取っている人なんです。風が吹かない人は、ご利益がまったく来ないということです。

これは不公平ですよね。でも、風が吹いている人は、特に何もしていないです。これがポイント。構えていないんです。

いわゆる基本的な動作は普通にしていらっしゃるんですが、「何かやりましたか？」と聞いたら、「別に、神様の前で感謝の心を伝えただけです」と答える。心の中ではただ神様の前で感謝していただけなんです。

ところが、風が吹かない人は、明らかに熱心にお願いごとをしているんです。

MACO　お願いします！　という感じですよね（笑）。

リュウ博士　当然、参拝の時間も長い。そして肩に力が入っているんですよ。

神社からご利益が風に乗って流れてくるんですが、力を入れていると、ご利益は入ってこないです。力を抜いている必要があるんですよね。つまり、神社参拝の心構えは「構えないこと」なんです。

このことを僕は「スキマ」という言葉で表現しています。**スキマとは隙間で、余裕、ゆとり、ゆっくりとした動作から生まれる「間」。要するに、余裕を持って神様の前に立つことが大事なんですね。**

そこで、たとえばお辞儀の仕方に気をつけてみるのもいいと思います。

神社参拝の基本動作は二礼二拍手《はくしゅ》一礼、です。

最後の一礼、つまりお辞儀をするときは、九〇度まで頭を下げるのが正式なやり方です。この深いお辞儀を「拝《はい》」といいます。これを、三秒かけてゆっくり行なってみましょう。頭を下げて一秒。止まって一秒。頭を戻すのに一秒です。

これは、小笠原流礼法の「礼三息《れいさんそく》」という教えにも通じています。「礼三息」とは、お辞儀をする際には息を吸いながら腰から上を前に倒し、止まったところで息を吐き、ふたたび息を吸いながらもとの姿勢に戻ること。吸う、吐く、吸う、で三息です。

このようにゆっくりお辞儀をすると、自然に心にゆとりが生まれます。これがスキマなんです。

MACO　スキマは大事ですよね。

リュウ博士　感謝するのも一つのポイントです。感謝を動作で表すとすると、多くの人が「ありがとうございます」と手を合わせますよね。この手を合わせることが、受け取る動作になっているんです。

手を合わせると、胸の中央がひらく。これは、ご利益を受け取る「器」のフタが開くということです。

つまり、感謝の気持ちを、手を合わせるという動作で表現することで、ご利益を受け取ることができるわけですね。

そうではなく、「ご利益をください！」と願ってしまうと、これはご利益を投げる動作をしているんですよね。投げながら受け取ることはできないでしょう。

MACO　受け取る、受信するという姿勢が大事ってことですね。

リュウ博士　うん、そうです。だから、参拝の作法を知ることはいいけれども、作法を覚えれば覚えるほど、「こうしなきゃいけない、ああしなきゃいけない」という意識が出て、肩に力が入ってしまうのはいけない。

MACO　受け身じゃなくなっちゃうからですね。

リュウ博士　そういうことです。力を入れない、何かしてもらおうとしない。神社に参拝するときは、「永遠の素人」でいる必要があるのです。

リュウ博士の一言

鳥居をくぐる前には、一五度のお辞儀を一秒して、「これからご神域に入ります」と挨拶しましょう。

お辞儀は感謝の心。体を緩めて敬意を示す

MACO　自分が参拝をするときのことを思い返すと、やっぱり力は入れていないですよね。すがるみたいなエネルギーを出さない。

だから、「助けて」とか、「お願いします」という姿勢にならない。力が入っていると、来たものを跳ね返しますよね。

ご利益が来る人、来ない人というのは、願いが叶う人、叶わない人という言い方もできると思うんですが、私はそもそも、神社が願いを叶えてくれるという考え方ではないんです。

神社は助けてくれる、サポートをしてくれるものなので、「自分で行動します」という前提で受け取ります。感謝はすごくしますね。

あとは、私も最後の一礼を大事にしています。二礼二拍手して、最後に一礼すると

きに何かを「受け取っている」という感覚をすごく感じる。つながっているという感じ。

リュウ博士　それはとても大事なことですね。神道のお辞儀《じぎ》は、正式には九〇度に頭を下げると言いましたが、人にものを教わるときは頭を下げますよね。相手に敬意を持って教わるわけです。

逆に、敬意を持ってない相手に何かを教わることはできない。どんなに良いことを言っていたとしても、敬意を持っていない相手からは何も受け取れません。

受け取るために、敬意を示す動作があって、それは頭のてっぺん――第七チャクラですが――を見せること。頭のてっぺんからエネルギーを受け取るんです。だから九〇度まではいかなくとも深く頭を下げなければいけないわけです。

MACO　「うけひ（誓約）」という古語がありますよね。「受け日」、頭のてっぺんで日の光を受け取る。

たしかにそういう意識でお辞儀をしているかもしれません。あとは、最後にもう一度感謝するという意味ももちろんあります。

最近は個人的なお願いごとをあまりしなくなったと前に言いました。「よかったら、私の体を使ってください」という感じになってきたと。

だから、私自身の願いとしては、健康であることが、たぶん一番の願いです。お金でもなんでも、健康であればついてくるものだと思っているから、「元気でずーっと一生過ごせますように」というのが願いといえば願いです。

だからこそ、健康でいられることについて定期的にお礼を言いに行っている気がしますね。「今日もまた、元気で来させてもらってありがとうございます」とお礼を言うんです。

そもそも私は体を自分の所有物だと思っていません。借りているもの、いただいているものと思っているので、「神様、ありがとうございます」とお礼を言いたくなる。そういうときにパワーが出てくるんです。

リュウ博士　だから二時間しか寝なくても元気なんですね（笑）。

MACO　そうしようとしているわけじゃないんですけど（笑）。やりたいことが多すぎて、短時間睡眠の生活になっちゃうんです。「こんな生活を後押ししてくれてありがとうございます」と思います。

リュウ博士　ＭＡＣＯさんは神社に参拝するときに、感謝をすごく大事にされているんですね。

ＭＡＣＯ　はい。感謝で始まって感謝で終わって帰ってきます。博士が、お参りするときに力んでいると、ご利益を受け取れないと言っていましたよね。

感謝を捧げているときは、体は勝手に緩《ゆる》むと思うんですよ。「ありがとうございました」と言っているときの体はなぜか緩んでいる。「お願い！」って言っているときは固くなる。

リュウ博士　たしかに。なるほど。

ＭＡＣＯ　これは私の体感的な視点で、博士のようにちゃんと根拠があるわけではないですけれども。

リュウ博士　じゃあ、ナチュラルにそうなっていったんですね。

ＭＡＣＯ　自然にそうなったんです。スピリチュアルな言い方をすれば、そういう方向に導かれていったということですね。

リュウ博士の一言

僕はお参りするとき、「参拝させていただき、誠にありがとうございます」と心の中で必ず唱えます。

リュウ博士　読者のなかで、どうしても参拝するときに力んでしまうという人がいたら、まずは感謝の気持ちを表してみるのは、おすすめできますね。

あとは、素直でいることなんだと思います。

つまり、こういう話をしたうえで「だからお願いはしてはいけません」と言ってしまうと、これはこれで不自然になる。

MACO　お願いするな、は難しいでしょう（笑）。そもそもお願いをするところですしね、一般的には。

リュウ博士　だから、前に言ったように、そこで浮かんできた願望があれば、それはお願いすればいいと思うんです。

自分の気持ちを素直に表現する

リュウ博士　ただ、神社に行っているうちに、少しは神道のことも知るようになってきます。すると、どうやら神社は本来、お願いをする場所ではないらしいということには気づくんです。

では何をするところなのか。大きく分けると二つあって、一つは、さっきMACOさんが「うけひ」とおっしゃった。「うけひ」とは誓約。これをする場所が神社なんです。MACOさんがおっしゃった「受け日」、頭のてっぺんで日の光を受け取るは、僕も知らなかった視点です。

もう一つは、「みこともち」といって、みことは「命」と書きます。「みこと」は使命。使命を持つというのは、なんらかの使命を託されて、それを実行するということ。この二つがいわゆる神道なんです。

だから、**神社というのは神様の前で約束をしに行く場所であり、何らかの使命を託され、それをこの世で実行することなんです。**

では、誰が使命を託してくれるのかと言ったら、ご先祖様や先人たちです。要するに、他の人ですよね。自分より先に生まれた方々、先に道を歩んだ方々。

MACO おもしろいですね。私もなんとなく「うけひ」という言葉を意識してはいたんです。

リュウ博士 使命を託され、実行することを、神話の中では神様がやっているんですね。

そう考えると、神社はお願いごとをしに行く場所、という教えは、神道のどこを探してもないんです。こう言うと、みんな気が引き締まって、お客さんが減るかもしれないけれど（笑）。

MACO 気軽に神頼みには行けなくなっちゃいますね（笑）。

リュウ博士 もちろん、気軽にお願いごとをしに行くこと自体は、別に悪いことではないですよ。要するに、自分の気持ちを素直に表現できる場所だから。

お願いしたいことがあったら、とりあえず全部言っちゃえと（笑）。これもまた正しいんです。

MACO　素直に出し切っちゃっていいんですね。

リュウ博士　そう。やっているうちに変わってきますから。

ポッと浮かんできた願いごとは素直な気持ちだから、お伝えしましょうと前に言いました。これは逆もあるんです。

たとえば、いわゆる縁結びで有名な神社に女性が行く。おそらく、「彼氏ができますように」とか、「結婚できますように」といったお願いに行くわけです。

ところが、さあ、お願いごとを言うぞ、と思って御神前に立ったら、忘れてしまうことがしばしば起こるものなんです。

MACO　彼氏とか結婚のことをお願いするつもりで行ったのに。「あれ？　なんだっけ？」というような。

リュウ博士　そう、それが目的だったはずなのにね。それで、なんとなく「いつもありがとうございます」と、日頃の感謝をして帰っていった……というような話はよく聞きます。

神社って、こういうことが自然と起こる場所でもあるんです。その時のありのままの気持ちでお参りすればいいというのはこういう意味でもある。

「願いごとを絶対に伝えなければ」とかたくなに決めていたら、体が固くなる。だから、参拝する前に決めていたとおりにやらなくてもいい。その時の素直な状態でいることが非常に大事なんです。そうすると、いつの間にか誓い約束をするようになり、自然に感謝するようになる。

MACO そう考えると、折に触れて行かれたらいいですよね。習慣にしてくださいとまでは言わないですが、折に触れて神様のところへ足を運ぶ。

家にいて「来てちょうだい」だと、いま博士がおっしゃったような変化は起きにくいかも。やっぱり行くことに意味があると思います。

神道は「感じる宗教」。快適なほうを選ぶ

リュウ博士　ＭＡＣＯさんに変化球を投げてもいいですか？

ＭＡＣＯ　いいですよ（笑）。何だろう？

リュウ博士　ＭＡＣＯさんって、おもしろエピソードとか、不思議エピソードはありますか？

ＭＡＣＯ　神社に関してで、ですか？

リュウ博士　神社に関連したことで。ブログとか本では、ＭＡＣＯさんはそんなにおっしゃっていないと思うんですよ。

ＭＡＣＯ　どうだろう？　神社関連ではないかもしれないですねえ。

リュウ博士　神社以外ではある？

ＭＡＣＯ　ありますよ。それはいっぱいある、ある（笑）。お財布の中のお金が増え

るなんてしょっちゅう。

リュウ博士　え？　お財布の中のお金？

MACO　この間は、朝、お財布に一〇万円入れたんです。支払いがあったので。そうしたら、夕方には一一万円になっていました。

リュウ博士　よくわからない（笑）。手品みたいですね。

MACO　前に講演したときには、財布に三万円入れていたんですよ。主催者さんがチケットを送ってくれていたから、お金は使わずに現地まで行きました。午後になってお財布を開けたら、四万円になっていました。きっかり一万円だけ増えたのが二回。

リュウ博士　ふーむ。

MACO　ボケてると思っているでしょ？（笑）。でも、枚数を数えて把握していましたからね。まあ、口座の残高がいきなり一〇〇万円増えるなんてことは起きていませんけど（笑）。

まあ、神社とは直接の関係はないですね。神社では、いろいろな人の念を感じることはよくあります。なんだか重たいエネルギーを感じるといいますか。たとえば人の集まる観光神社に行くときに、いろんなごちゃごちゃとした念を感じます。

私は人に見えないものが見えたり、聞こえたりといったタイプではないんですが、それでも神社では「ん？」と思ったりすることがありますから。特に、自分の心の中の通りを良くするために、自分の神社を開くという意識で行くと、それは感じます。

考えてみると、そういうことをしていると、よくお金が増えるのかも（笑）。

量子力学で見ると、私のこの財布は、見るたびに新しくなっている。そう考えると、お金が増えるという現象は、パラレルなもう一つの世界があることを見せてくれているると思います。

リュウ博士　なるほどね。

MACO　神社関連で言うと、風が吹いてくることは私もよくありますけど、それはいろんな人が体験していますしね。博士の本にも出てきます。

リュウ博士　そうですね。風が吹くのは多くの人が感じやすい神様のサインです。「あ、来たな」と。そういうのは、誰でもわかる神様なんですよ。

神様は実体がないですからね。見えるわけでもないし、聞こえるわけでもない。でも、風を感じたり、あるいは池や湖に波紋が広がったりといったことはよくあるんです。

MACO　そう言えば、思い出しました。自分たちの上にだけ雨が降ったことがあったんです。

箱根の九頭龍神社へ行ったときです。ほんの一〇分間だけ、私たちがいるエリアだけ雨が降ったんです。ちょうど廟《びょう》の前にいたときです。頭の上で鳥が鳴いていたり、参拝した後に彩雲《さいうん》がパッと出たりするのも、そういうことなのかな。

リュウ博士　そうです。神様からメッセージが来るのは、ほぼ感覚として来るんです。言葉ではない。

神道は感じる宗教。神社は、感覚を養う場所なんです。

MACO　感じる宗教。たしかにそうですね。

リュウ博士　**シンプルに言うと、快・不快の感覚です。快・不快が、現実を生きるうえでの羅針盤になっていく。快適と感じたら「これはOKなんだ」とわかる。**不快と感じたら、「これはダメなんだ」とわかるということです。
たとえば人と会いますよね。「この人の感じ、なんかイヤだな」と感じたり、「この場の雰囲気はイヤだな」と感じることがある。これは何かが違う、ということです。

MACO　それはありますよね。

リュウ博士　やっぱり言葉では嘘もつけますからね。

MACO　体は嘘をつかないから、反応とか感覚で判断すると全部わかっちゃう。

リュウ博士　そうそう。神社に何度も参拝していると、そのセンサーが敏感になってくるんです。
そうすると、いわゆる運がいい状態になるんです。**運がいいというのは、結局は快適なほうをただ選び続けていくだけのことなんですよ。**

MACO　わかります。考えるのではなく、感覚で選ぶ。

リュウ博士　そういうことです。
「これはメリットがある」「こっちにはこんなメリットがある」と考えて選ぶと、ちょっと違うんですよ。感覚として、「あ、これはいいな」というほうを選んでいく。

MACO　頭はすぐ計算してしまいますからね。頭が計算する「よい」と、自分の本心からの「よい」が違うことはけっこうあります。

あまりにも考えすぎると、本心と違う方向に行ってしまう。感覚はすごく大事だと思います。

正しいお賽銭の額ってあるの？

リュウ博士　神社に行ってみようと思う人が気にすることとして、お賽銭《さいせん》をどうするかがあると思うんです。

MACO　ああ、いくら入れたらいいのかとか（笑）。

リュウ博士　気にされる方もいるでしょうね。

僕がお賽銭には大きな意味があるんだと気づいたエピソードがあるんです。飯田橋《いいだばし》の東京大神宮※の近くに、本当にちっちゃな祠《ほこら》のようなお社があります。そこに知り合いと参拝したときのことです。

ここにはお賽銭を入れるところはない。だから、ただ手を合わせていただけなんですね。

MACO　お賽銭箱がないところってありますよね。

リュウ博士　お賽銭を入れるところがないから、入れられないなと思っていたけれども、パッと思いついた。「お賽銭を置いたらどうなるんだろう？」と。そこで一〇円玉を置いてみた。

MACO　どうなったんですか？

リュウ博士　細～い風が、上から吹いてきたんです。

これは、お賽銭に神様の氣が宿ったってことなんですね。お賽銭が、神様が降りてくる的になったんです。

リュウ博士の一言

お賽銭は、そっと置く（入れる）ようにしましょう。神様に奉《ささ》げる大切なものなので、乱暴に投げるのはNGです。

逆に、何もやらなかったら、そのお社には神様の氣は降りてこなかった。だから、お賽銭は的になることがまずわかる。

もう一つ気になるのは金額ですよね。一〇円玉だと、吹いてきた風は細かった。じゃあ五〇〇円玉にすると、また違うのかということ。

MACO　的が大きくなるのかな？（笑）

リュウ博士　そうそう（笑）。でも、これは難しいところだけれど、正直、いくらでもいいような気はするんです。

僕はよく五〇〇円、入れています。それは「五〇〇円」という声がたびたび聞こえてくるからなんです。

MACO　その話、前にも博士がおっしゃっていましたけど、おもしろいですよね。「五〇〇円」って言われるというのは（笑）。

神様の前でカバンを下ろす理由

リュウ博士　僕は、声として聞こえるのは二つだけなんです。お賽銭の金額と、「カバンを下ろせ」ということ（笑）。

MACO　それも博士に聞いてから、必ずカバンを下ろすようになりました。それまでは肩に背負ったままお参りしていたこともあったので。

リュウ博士　カバンを背負っているだけで、ちょっと体に負担がかかりますからね。筋肉が緊張する。やっぱりリラックスしていないといけません。リラックスするからこそ、スキマが生まれるわけですからね。

MACO　だから、これから出る新刊をカバンに入れて持ってお参りに行ったときには、まずカバンを置いて、本を取り出して神様にお供えして、それからお参りしたこともあります。

このときはちょっと「売れてほしい」というお願いもあったかな（笑）。「売れてくれ！」って必死でお願いすると固くなりますけど、神様にプレゼントするみたいな感覚です。

リュウ博士　新商品がリリースされたら、その商品を持って神社に行くビジネスパーソンはいますね。

MACO　私、この間は台湾の神社というか、廟《びょう》でもやってきました。私の本の台湾版が出たので、それをお供えのところに置いたんですよ。

そうしたら、その廟の方が「本を書いている人か」と話しかけてくださって。一緒に写真を撮って、サインした本を一冊プレゼントしてきたんです。その方は本を持って街中の書店さんに行ってくださったんですね。

その方が、台湾の本屋さんで私の本が平積みされている写真を撮って送ってくださって。

リュウ博士　それはすごい。

MACO　そのときは、一緒に行った友達がリーディングやチャネリングができる人だったんです。その人が「台湾の神様が『よう来たの』って言ってるよ。だから、本を置いていったらいいよ」って。

それ以来、本を必ず置くようにしているんです。新刊が出るたびに神社に行って、「来月出ます」なんて言いながら（笑）。「重版がかかりますように」なんて言いながらお参りする。

リュウ博士　MACOさん、たまには具体的なお願いもしてるんですね。「重版がかかりますように」というのは、けっこう具体的ですよ（笑）。

MACO　うーん、「多くの人の役に立ちますように」という感じなので、「売れますように」という感じではないんですけど。

売れること＝多くの人の役に立つでしょう。おかしいのかな？　いいことなのかな？（笑）

リュウ博士　いやいや。売れるっていいことですよ。

MACO　さて、お賽銭なんですが、私はたいてい、お札を入れるようにしています。でも、このことに意味はないです。一〇〇〇円だったり一万円だったり、そのときの気分です。

でも、「五円はダメ」と聞くこともありますが、なぜなんだろう。金額が低すぎるから？

リュウ博士　それはね、お金を払うと、それによって罪悪感が減る効果があるんです。『お金に縁のある人、ない人の心理法則』（内藤誼人、ＰＨＰ研究所）という本で紹介されている心理実験に、こんな話があります。

ある託児所で、迎えの時間を守らない保護者が多いので、罰金制度を設けてみた。罰金がかかるなら時間を守るようになるだろうという狙いです。

ところが、罰金制度を始めてから、逆に時間を守らない親が増えてしまった。お金を払うことで、時間を守らないことへの罪悪感が減ったんです。つまり、お金には罪悪感の支配から解き放つ効果があります。

この法則を応用すると、**お賽銭を入れて自分の幸せを願うと、幸せになることへの罪悪感が減るということですね。罪悪感は自分で自分の幸せを邪魔《じゃま》してしまう心の鎖です。**

お賽銭を払うことは、罪悪感を取り除く「お祓い」の一種なんです。だから「何でもやるぞ」という気持ちになれる。それこそ、MACOさんの言葉を使うと、宇宙メンタルにちょっと近づくわけですよ。

MACO　固定概念を外すというような。

リュウ博士　そうです。そのときに「もったいないな……五円くらいにしておくか」と思ったら、それでは心理的な障壁が取り除けませんよね。

MACO　そうですね。だから、そのときに気持ちよく出せる金額を出すのが大事だと思うんです。

たとえば子どもだったら、一円玉を握りしめて、素直な気持ちで神様へ手を合わせたりするじゃないですか。だから、一円ではダメなのかといったら絶対に違う。五円がダメということもない。

逆に、たとえ一万円出しても「これ、入れちゃうのか……う……」みたいなエネルギーで出しているんだったら、神様のところにうまく行かないんじゃないですかね。気持ちよく出せればいくらでもいいと思うんですよ。

リュウ博士　そうですね。お賽銭の金額も、テクニックとして決めている人もいるんですよ。つまり、「いくら入れるのが一番効果が高い」という考え方。

これはちょっとよろしくないかもしれないです。だって、神様を操作しようとしているわけですから。そうすると逆に、操作のエネルギーが返ってきます。操作されてしまうのです。

だから、大事なのは、そのときのお気持ちです。人に謝礼やプレゼントを渡すときだって、「気持ちばかりですが」と言いますよね。気持ちを込めてお渡しすることが大切。

たとえば、「本当に申し訳ないけど、いま一〇円が俺の限界なんだ」というなら、それはそれでお気持ちなんです。

気持ちよく出せるお賽銭の金額は、いまの自分の姿です。お賽銭という鏡に自分が映し出されている。鏡に映っている私はきれいなほうがいい。

きれいな自分とは、お賽銭の金額が多ければいいというものでもありません。「一〇〇万円も出してやったぜ」みたいな態度で渡したら、それは美しくないでしょう。

だから、素直に気持ちよく払える金額をお出しになればいい。

MACO　昔はお賽銭を入れるときに、正直「う〜ん」と迷ってしまうこともあったんです。「これだけ入れるんだから、お願いします」という気持ちも（笑）。

でもいまは本当に、いくら入れるときでも「いつもありがとうございます」という気持ちでパッと入れてこられる。たとえ一万円入れても、「これだけ入れたんだから」とも思わない。

前に、心屋仁之助《こころやじんのすけ》さんが「神社ミッション」ということをおっしゃって、流行《はや》りましたよね。

リュウ博士　ありましたね。あまり人気のない、ちょっとさびれた神社に行ってお賽銭を一万円入れてくる。それによってお金へのブロックをなくすという。

MACO　私はその時はできなかったんです。「一万円なんてとんでもない」という感じで。いまは、自分の気持ちで「あ、今日は一万円入れたいな」と思ったら入れる。五〇〇円だと思ったら五〇〇円入れる。その瞬間から、いくら入れたかなんて忘れてしまう。そのぐらい軽い気持ちでお賽銭の額を決めていると思います。

まず、どの神社にお参りをすればいい？

リュウ博士　これから神社参拝を始めるという方だと、どこの神社からお参りしたらいいのか。MACOさんはどう考えます？

MACO　まずはご近所から、でいいんじゃないでしょうか。

リュウ博士　それが一つのやり方ですね。近所の神社は行きやすい。一方で、観光が好きな人なら、有名な神社に出かけて行くのもわかりやすい。

MACO　いいですね。それなら有名な神社に行かれたらいいと思いますよ。

リュウ博士　どっちがテンション上がるのかな？（笑）

MACO　自分の感覚でいいんじゃないですか。

リュウ博士　そういうことですよね。うん、どっちでもいいと思います。たとえば私やMACOさんの読者だったら、われわれの神社に参拝するイベントに参加するのが行きやすいというケースもあるでしょうし。職場の近くの神社が行きやすい人もいるでしょう。

だから、「さぁ、神社に行くぞ」となったら、いくつか選択肢はあるけど、どれでもいいです。

神社に行きたいなと思ったときに、最初に目に留まる神社の情報があったら、それに乗っかっていくのがいい。

MACO　「行きたい」と思うところって、ご縁があるところですからね。だから、「どこに行ったらいいんだ」というよりも、「どこに行きたくなるだろう」という視点で自分の感覚を見つめてみたらいいと思います。

とりあえず、**行きたいと思った神社があったら、それはご縁がありますよ、というサインだと思う。そうやって行ったところから、次につながっていくんです。**

リュウ博士　そうですね。僕はどうだったかな？

二〇〇八年の二月だったかな。たまたまブログで見た神社が、人から「ここがいいよ」っておすすめされていたところだった。それが、さっきお話に出た箱根の九頭龍

リュウ博士の一言

何か課題がある人なら「山の神社」、世に何かを広げたいなら「海の神社」、という選び方もあります。

神社です。

それで「ここに行きたいな」と思っていろいろ調べて行った。本当に偶然ですよ。

MACO 本に書かれていたエピソードですよね。参拝して帰ってきた夜に、寝ていたらベッドの上に九頭龍神社の「氣」がいらっしゃったという。

リュウ博士 そうです。あれは楽しかったですね。

実は、そのときに起きたことで、まだ話していないエピソードもあるんです。九頭龍神社の本宮に行った日は雨模様だったんですね。道は少しぬかるんでいて、僕は滑って転んで、ズボンの膝小僧のあたりが破れた。ちょっと血が流れていました。

その後、箱根神社※の中にある九頭龍神社にも行ったのですが、ここはお水が有名なんです。龍神水という湧き水が境内にあって、一般には恋愛運を上げる効果があると言われています。僕はその水で膝の傷口を洗ったんですね。

そのとき、僕はすごくラッキーなことだと感じた。傷口から、体内に龍のエネルギーが入ったと思ったんですよね。

MACO 前向きですよね（笑）。

リュウ博士　なんでこんな話をしたかというと、神社に行けば楽しいことがいっぱい起こるということですよ（笑）。

最初に神社に行ったら、アンラッキーに見えることも起こるかもしれない。でも、全部楽しんでやればいいと思います。

MACO　私が最初の本（『ネガティブがあっても引き寄せは叶う！』大和書房）で書いたことですね。博士がケガをしたように、**一見悪いこと、「なんでこんなことが起きたの？」と思うことは、より良いことに必ず転ずる。一見、悪いことでエネルギーがチャラになる。**

だから、たとえば車に乗っていて信号で引っかかったら喜びましょう、と。それぐらいの跳躍力のある思考があってもいい。

ご縁がある神社の話で言うと、私、逆にどうしても行けなかった神社があるんです。白山比咩神社に最初に行ったとき、氣多《けた》大社※には行けなかったんです。

リュウ博士　どちらも石川県ですね。

MACO　そうなんです。だから氣多大社にも行く予定で、友達からお守りを頼まれていたんですね。

リュウ博士　氣多大社は縁結びの神社ですね。

MACO　それで行こうと思っていたら、急に居ても立ってもいられないぐらいの歯痛が来て、とても参拝している場合ではなくなってしまいました。それで大阪に帰ってしまったんですね。

リュウ博士　ああ、そうですか。何か前兆はあったんですか？

MACO　定期的に歯の治療はしていたんですが、そんなに急に痛くなるはずはないんです。

痛み止めの薬ももらってはいたんですけど、これが効かなかった。「お医者さんにかからないと死ぬ」くらいに痛くて。

「行けない神社には行けないんだ」ということを知った瞬間でしたね。この間、三峯神社に行ったときも、実は四人で行く予定だったんですが、友人の一人がどうしても行けなくなって。

リュウ博士　そういうことってありますよね。

MACO　それも良い悪いじゃなくってね。行くにしても行かないにしても、感覚を大事にすることだと思うんです。

つながりを知ると神様から愛される

リュウ博士　あとは、神社参拝の基本的なマナーということなんですけど。たとえば二礼二拍手一礼（二拝二拍手一拝）のような基本動作は知っている人も多いでしょうし、ネットで検索すればすぐわかりますから、いまさら言うほどのことでもないと思います。

ここで付け加えることがあるとすれば、やはり、行こうとしている神社のことは知っておいていいと思います。それは事前にインターネットで調べてもいいし、実際に行くと、入り口あたりにだいたい神社の由緒を書いた看板があります。それを見てみる。

難しいことが書いてあってよくわからなくてもいい。一応は見ておく。「知ることは愛」ですから。これは僕が勝手に言っているのではなくて、哲学者の西田《にしだ》幾太郎《きたろう》さんが言っていることですからね。

MACO　そうだったんですか。深い（笑）。

リュウ博士　**神様を知ろうとする態度は、神様に対する愛である。そうすると、神様からも愛されるのです。**

せっかく訪問するんですから、訪問相手のことを知ろうとするのは、たぶん人間同士だと当たり前のことですよね。神社参拝のマナーとしては、これだけでいいと思います。

MACO　そうして初めて、「私はこういう神様に参拝しようとしているんだ」ということを知るわけですから。「なるほど」と思いながら行くということですね。

リュウ博士の一言

参拝時の服装が気になる人もいるかもしれません。神様の前ですから、特に肌の露出が多い格好は控えましょう。

リュウ博士　そうやっていろいろな神社を訪れているうちに、本当にバラエティ豊かな、いろんな神様がいることもわかってきますし。

MACO　私も神様の名前や働きは知ってから行くようにしていますが、それは「調べてから行かないといけない」じゃなくて、興味があるから調べてしまうんですね。

神社に行くようになると、勝手に興味が湧いてくると思います。知ってから行ったほうが絶対に楽しいですから。

リュウ博士　前に行った神社の神様とここの神社の神様はつながりがあったんだ！とかね。そうやって神話の中に描かれた神様の姿も知っていける。

MACO　それがまた楽しいんですよね。立体的に神社を捉えられる気がしてきます。

リュウ博士　**僕はそういう神社間のネットワークを「神社インターネット」と呼んでいます。神社と神社の間には、目に見えないネットワークがあるんです。**

たとえば、摂社・末社というネットワークの仕組みがあります。MACOさんが福岡の白山神社に行ったときに、熊野三山の神様も祀られていたという話がありました。こんなふうに、一つの神社の境内に、別の神様をお祀りする小さなお社が置かれていることがよくある。これが摂社・末社です。

この仕組みによって、神社は別の神社とつながっているわけですね。神社間のネットワークが見えてくると、楽しいと思いますよ。

あとは、もし興味が湧いたら、でいいのですが、最近は『古事記』や『日本書紀』といった日本の神話もわかりやすくリライトされたものが出てきています。

そういうのを読んでみるのも悪くはない。日本の神様ってこんな方たちがいて、それぞれにどんなキャラクターなのかがひとまとめにわかりますからね。

MACO　私は、『古事記』は漫画から入りました。活字の本で読むと『古事記』って難しいんですよね。

リュウ博士　いまは『ラノベ古事記』（小野寺優、KADOKAWA）という本も出ていますから、そういうのも活用したらいいんじゃないかと思います。

第5章

MACO＆リュウ博士の超おおすめ神社

悩みに効く！　開運神社

MACO

人は体験したい
生き物なんだと思います。
それは結婚したいというより、
「結婚した私」を
体験してみたいんですね。

×

リュウ博士

気分が上がる伊勢系と、
気分が落ち着く
出雲系の違い。
伊勢が好きな人は、
お祭りが好きな
タイプです。

恋愛・結婚にベストな東京大神宮

MACO　リュウ博士って、いままでにいくつぐらいの神社に行かれました？

リュウ博士（八木龍平）　うーん、一〇〇〇までは行かない、くらいですね。

MACO　すごい。そもそも神社って、全部でいくつあるんですか？

リュウ博士　八万社以上あります。だから、僕よりもたくさん神社に行っている人は、いっぱいいいます。僕は元々サラリーマンをやっていて、たまの長期休みに神社に行っていただけですからね。

MACO　でも、いまは日本を代表する神社のエキスパートになられて。

リュウ博士　本が売れてしまったから、そういうことになっています（笑）。

MACO　「本が売れてしまったから」って、うらやましい言い方ですね（笑）。

リュウ博士　おかげで最近、いろいろな神社に行く機会が増えましたね。あとは家の

リュウ博士の一言
ちなみに、お寺の数は全国で七万七〇〇〇ほど。いずれも、コンビニの数（六万弱）よりずっと多いのです。

近くに二社あるので、そこにはよく行きます。そんなに新規開拓しまくっているわけではないんです。

それで、われわれからのおすすめの神社ということなんですが。MACOさんのところに相談が来るのは、恋愛・結婚が一番多いんですか？

MACO　最近、増えましたね。二〇代から五〇代まで幅広いです。

二〇代三〇代の方の恋愛・結婚の悩みと四〇代以降は少し違うんですよ。人に相談できにくくなってきたり、周りが結婚していったりする。だから、男性からのご相談もすごく多いですよ。

リュウ博士　えっ、そうですか。

MACO　はい、とても多いです。男性からのご相談はかなり増えています。「どうやったらベストパートナーと出会えますか？」とか。「ご利益のある神社を教えてください」というご相談もありますね。

リュウ博士　じゃあ、いまは男性読者も多いんですね。

MACO　お金の本（『「お金」のイメチェン　ネガティブでも遠慮なくお金を手に入れ

る創造の法則』マガジンハウス）を出してから、急に増えました。ビジネスでうまくいきたいという男性がわりと読んでくださって。

男性の編集者さんに作っていただいたのは、あの本が最初です。そのあたりから急に、男性の読者さまが増えてきたんです。

恋愛・結婚のご相談については、男女かかわらず、二〇代から五〇代が主流です。「どうやったら心が通い合うパートナーと出会えますか」とか、あとは「一回は結婚したい」というご相談も多いです。

リュウ博士　なるほど。

MACO　こういう質問って、私の年齢だから相談しやすいのかも。私は結婚して、離婚して、子どもを生んで成人させ、両親とももう見送って……、私はすべて体験した人間なので。

年齢的にも、ご相談くださる方々より私のほうがちょっと上になることが多い。そうすると相談しやすいのだと思います。もちろん、六〇代以上の方からのご相談もあります。

リュウ博士　でも、なかなか答えづらいですよね。

MACO　**人は体験したい生き物なんだと思います。それは結婚がしたいというより、「結婚した私」を体験してみたいんですね。**

子どもを産みたいというのもそうで、子どもが欲しいというよりは、「子どもを持つってどういう体験なんだろう」ということを知りたいんです。そういう思いを持って神社にお願いごとに通っている方は、たくさんいると思います。

リュウ博士　なるほど。では、そういう人たちにまずおすすめするとすれば、東京大神宮（東京都千代田区）はいいと思いますよ。

MACO　私も行きました。東京大神宮は女性に好まれますよね。

リュウ博士　ええ。あそこはひとことで言えば「ゼロからイチ」になる神社。だから、「ずーっと彼氏がいなかった人に彼氏ができる」とか、そういうたぐいの願いを持っている人にはいいですね。

東京大神宮にお祀りされているのは、アマテラススメオオカミ様、トヨウケノオオカミ様、ヤマトヒメノミコト様といった、伊勢神宮で祀られている神様です。それに加えて、造化三神《ぞうかさんしん》という神様がいらっしゃるんです。

MACO　造化三神。それは？

リュウ博士　造化三神というのは、アメノミナカヌシと、タカミムスビ、カミムスビなのですが、最初に現れた宇宙創造の神様です。

『古事記』の冒頭で、天地が創造されるとき、この三柱の神様が現れるのです。「独《ひとり》神《がみ》」といって、夫婦の組はなく、単独で生まれ、そして産む神様たちです。

この造化三神のうち、二柱の神様が陰と陽に相当します。タカミムスビが陽、カミムスビが陰です。

この神話は、無から何かが初めて生まれたということを表しているのです。ゼロからイチになる神社というのは、そういうことですね。

MACO　だから、それまでパートナーがいなかった人に初めてパートナーができたりするんですよね。

リュウ博士　そうなんです。そして、新しい企画とか、アイデアが思い浮かぶとか、クリエイティブな何かが生まれる場所でもある。

だから、初めての彼氏、彼女が欲しい方、初めて結婚したい方にもいいと思います。

MACO　なるほど。そういう意味で縁結びの神社なんですね。関東の方は、特に女性だったら一回ぐらいは行ったことがある方も多いかも。

リュウ博士　そう。いまさら紹介するまでもないかもしれない。それくらいメジャーです。

MACO　関東では有名ですけど、関西ではそうでもないですよ。

金運を上げるなら日本橋の小網神社

リュウ博士　最近、山里亮太《やまさとりょうた》さんと蒼井優《あおいゆう》さんが結婚しましたよね。山里さんのおすすめ神社が東京で三社あるそうで、その中に東京大神宮も入っているんです。だから、男性も行かれたらいいと思います。

それと、これも山里さんがおすすめしていた日本橋の小網《こあみ》神社※（東京都中央区）。

MACO　えっ？　知らない。

リュウ博士　小網神社は金運で有名なんです。銭洗弁天《ぜにあらいべんてん》がある。お金を洗える神社なのですが、これはお金に対する罪悪感を減らすのに有効なんですね。

どうしても「お金は汚い」とか、「稼いでいる人は、それだけ悪いことをしている」といった罪悪感を抱いてしまうことがあると思うんです。**お金に対する罪悪感を洗い流すことによって、お金を持つことへの許可を自分に出すことができる。すると、金運がアップするわけですね。**

それと、この小網神社は小さな神社なんですが、御朱印《ごしゅいん》をいただくのがおすすめです。

MACO　えっ、博士って御朱印は集めていませんでしたよね？

リュウ博士　ええ、あんまり。でも、小網神社の御朱印はいいんですよ。金運を開き

リュウ博士の一言

山里亮太さんは、何か悪いことがあったら、「お参りしていたから、これで済んだ」と考えるそうです。この山里さんの姿勢も見習いたいものです。

たい方、それから「ご利益」とか「開運」の実際的なものを体感してみたい方には、小網神社は必ず行っていただきたいくらい。

MACO　私、行こうかしら（笑）。

リュウ博士　僕の友達なんて、わざわざ小網神社の近くに引っ越しましたからね。

MACO　すご〜い。そういうのもありなんですね。

リュウ博士　ええ、あります。近くに住むと神社の氣が流れ込んでくるので、いいと思いますね。

精神世界とかスピリチュアルの世界で何かをやろうと思っている人は、わざわざ氣の良いところに引っ越しますよ。それこそ、奈良の大神《おおみわ》神社※の近くに引っ越すとか。関東の人なら、鹿島《かしま》神宮（茨城県鹿嶋市）とか、香取《かとり》神宮※（千葉県香取市）の近くに住む。あと、うちの妻が壱岐島に移住したように離島に住むとか。

何かを始めたいときには、鹿島神宮

MACO　鹿島神宮は私も行きましたが、いいと思います。すごく好きです。ちょっと遠いですけど、東京駅からバスで二時間弱で行けますから。
鹿島神宮は、何かことを始めるときに行くところだと言われますよね。そして、パワーが強い神様だって。でも私はあまりそうは思わなかった。むしろ「優しいな」って思いました。

リュウ博士　それはわかりますよ。関西の神社と関東の神社って、ちょっと感じが違うんですよ。関西の神社がお好きな方は、関東の神社はあんまり好きじゃないというケースが実はあるんです。
やっぱり神社の雰囲気が違う。それこそ関西のうどんと関東のうどんの違いみたいなものかもしれない。

MACO　そもそも水が違うから、やっぱり味が変わってくるような感じですよね。

リュウ博士　関西は都があった場所です。平安貴族がいた文明的な場所。その頃の関東といったら、未開の地であり、荒々しい人たちが暮らしていたわけです。この風土の違いがある。

人が違ったわけですから、神社に残っている人々の祈りの質もちょっと違うんですよ。

でも、おもしろいことがあって、関西の人で、関東の神社はあまり好きではないという方でも「鹿島神宮だけはいい」と言うんです。

MACO　じゃあ、鹿島神宮は関西の神様のような感じがある？

リュウ博士　おそらく、鹿島神宮が関西の神社の元になっていることが関わっているんです。春日大社は鹿島神宮が元になっていますからね。リンクしている。

MACO　そういえば、鹿島神宮にも鹿がいました。

リュウ博士　そうです。鹿島神宮の神様が鹿に乗って春日にやってきた、という設定になっていますから。

鹿島神宮が何かを始めるときにいいのはなぜか、というと、太陽が最初に昇る場所なんです。東の端ですから。だから、物事が成長するきっかけを作ってくれると思いますよ。

MACO　なるほどねえ。博士も関西ですよね？

リュウ博士　ええ、大学を卒業するまでは京都にいました。西の神社は繊細だなと感じます。

MACO　私もずっと関西に住んでいたから、関東の神社はまだ、本当に主だったところしか行っていなくて。やっぱり雰囲気が違う気はします。そういう風土による神社の違いを味わえたら、それもおもしろいですよね。

心が折れたときの氏神さん

MACO　元気がないときに行ったらいい神社ってありますか？　「心が折れました」みたいなとき。

リュウ博士　心が折れたときこそ神社に行く、というのはあると思います。というのも、僕は神社での体験談を話す講演をしたんですけどね。

そうすると、いらっしゃっている四〇代ぐらいの方、だいたいは男性なんですが、「挫折して初めて神社があることに気づいた」と言うんですよ。それまでは、神社はあるんだけど目に入らない。

MACO　素通りしちゃう。

リュウ博士　そうなんです。だから、心が折れたときこそ神社に行ってください、というのは、いい入り口ですよね。

ただ、心折れたときには、目に留まる神社がやっぱり人によって違うんです。

MACO　ああ、そうですね。おすすめというより、その人の、その時の感覚ということになりますかね。

リュウ博士　**自分の家から一番近い、私の場合で言うと、心が折れたときには、氏神《うじがみ》さんに行きます。すぐに行けるところに行く。**すぐに行ってこられますから。そうですね。心折れているときに、あえて伊勢神宮に行こうとは思わないですよね。

心を静める出雲系。盛り上げる伊勢系

MACO　前に言いましたが、私はお伊勢さんにそんなには行かないんですよね。一

年に一度くらいしか行かなくて、なんでなんだろうって。

リュウ博士　伊勢系が合う人と、出雲系が合う人がいるんですよ。

MACO　でも、出雲大社も行ったことがないんです（笑）。

出雲には行きたいな、とは思っているんです。お伊勢さんは行くには行くけれど、「伊勢に絶対に行かなきゃ」みたいな強いモチベーションはあんまりなくて。

だいたい皆さんは、伊勢神宮が大元みたいな感覚があるじゃないですか。「とりあえず伊勢に行こう」という人も多いし。

母が生きていたときは、母がお伊勢さんが好きだったので、連れていっていたんですけどね。母が亡くなってしまってからは、伊勢にあまり行かなくなっちゃった気がする。これ、何か理由があるんですか？

リュウ博士　やっぱり、いろいろな神社を参拝していたら、いつのまにか伊勢系が多かった、出雲系が多かった、という傾向は出てくる人が多いです。うちの妻なんかは出雲系です。

MACO　あ、八木さや（紗弥佳）さんはそうなんだ。

リュウ博士　それは、アマテラス系とスサノオ系ということだと思うんです。アマテラス系は、東南アジアのあたりから徐々に北上していって、沖縄を通って九州南部に滞在し、最終的にはヤマト王権の奈良に辿《たど》り着いている。

もう一つ、スサノオ系がある。もともとスサノオさんは天上の神々の世界である高天原《たかまがはら》を追放された後、まず朝鮮半島に降臨したことになっていて、でもそこにいたくなくて、船に乗って海を渡り、対馬、壱岐などを通って出雲に辿り着いた。

そのアマテラス系＝伊勢系と、スサノオ系＝出雲系が全国に広がっていったんです。だから、伊勢系と出雲系はそもそも由来が違う。出雲大社周辺の神社に行くと、雰囲気の違いがハッキリわかりますよ。

MACO　そうなんだ。今年は出雲に行こうと思っているんですよ。行ったらわかりますか？

リュウ博士　わかります。先にネタバレをしてしまうと、出雲大社をはじめ、出雲系の神社はとにかく整っているんです。いろいろな表現を考えたんだけど、やっぱり

「整っている」という言葉が一番ぴったりくる。

で、ちょっと沈んでいるんです。下り坂なんです。

MACO　下っちゃうんですか？

リュウ博士　抑制という言い方が適切なのかな。心を静めてくれる。

これに対して伊勢系はどうか。出雲に日御碕《ひのみさき》神社※というのがあって、ここは出雲で唯一、伊勢系の神社なんです。

まわりの出雲系神社とまったく雰囲気が違うのでわかりやすいです。ちょっとテンションが上がるんですよ。

だから、**気分が上がる伊勢系と、気分が落ち着く出雲系の違い。伊勢が好きな人は、お祭り好きなタイプです。**

伊勢にはおかげ横丁などもあって、やっぱり楽しむところだなという感じがする。

MACO　なるほど。じゃあ、私は伊勢系じゃないです。お祭りは好きじゃないですから。パーティーも好きということはないですし。

よほどお世話になっている方か、本当に親しくしている方のお呼ばれ以外は行かないくらい。

リュウ博士　ちょっと人が嫌いなのかな。

MACO　（笑）。

自分の内側と向き合って何かを開くっていうのが、たぶんずっとベースにあるんでしょうね。根暗ということではないんですが。

まぁ、ネガティブな性格というのも関係しているかもしれないけれど、自分と対話するのが好きなんですね。

リュウ博士　だから、神社ともそういう付き合い方ができるほうがいいんですね。

MACO　ええ。自分を客観視したり、自分と会話をすることで、次元を上げていくという。

リュウ博士　じゃあ、MACOさんはやっぱり出雲系なのかもしれないですね。出雲系の神社は、静かに参拝する感じ。下りていくというのは、要するに黄泉《よみ》の国に行っているんです。

「隠世《かくりよ》」という言い方もありますね。永久に変わらない隠れた闇の世界に下りていく。これは人間の意識で言うと潜在意識の奥深くに下りていくこと。だからMACOさんにぴったりかもしれない。

まあ、伊勢系と出雲系の両方行く方もいますから、あまりこだわらないでほしいのですが。

MACO　良い悪いじゃないですもんね。私も、伊勢が嫌いというわけではないですし。むしろ好きですし。

リュウ博士　そうです。ある程度神社に行くようになったら、自分はどっち系かな？と調べてみたらおもしろいというだけのことですよ。

僕なんかは両方に行って、どちらも楽しいというタイプですから。でも、僕が一番縁があったのは、伊勢系でもなく出雲系でもなく、八幡《はちまん》様なんです。具体的に言うと、大分の宇佐《うさ》神宮※です。

MACO　すごく広くて、きれいな神社ですよね。私が行ったときは、一般の人が参拝しないという特別な場所に案内していただいて。

「ここでお願いごとをしたら何でも叶うんですよ」と言われました。

リュウ博士　うん、あそこは謎めいたところですね。少し行きづらいところにあるし。

MACO　でも、行きづらい神社は多いですよね。三峯神社もそうだし、白山比咩神社もそう。

リュウ博士　やっぱり神社って、神様に出会う場所ですから。神様はあの世にいるわけですからね。

高みを目指す人には、秩父の三峯神社

リュウ博士　三峯神社（埼玉県秩父市）の名前がまた出ましたが、ここはビジネスや起業にも関わる強い氣を持っている神社です。

たしかに不便な山の上にあるんですが、だからこそ参拝することで「高みに登れる」ということです。

MACO　なるほど。高い山の上にあるからこそですね。そういう神社って多いですよね。

リュウ博士　群馬の榛名《はるな》神社※のような、山岳修行に起源を持つ神社は、同じようなご利益があるでしょうね。山形県の出羽《でわ》三山神社※もそうです。

MACO　出羽三山、とても良かったです。もう何度でも行きたい。不思議ですね、あそこは。

リュウ博士　ほう、MACOさんは修行系の神社とも合うんですね。

MACO　ええ、山伏とか、白装束とか着て参拝するとか、何か感じるものがあります。戸隠《とがくし》神社※（長野県）はまだ行けていないんですが、奈良の山奥の玉置《たまおき》神社※も行ってみたいし。

「辿り着けるかどうかわからない」くらいの神社に魅力を感じます。

リュウ博士　ぼくは、玉置神社には新婚旅行で行ったんです。

リュウ博士の一言

修験道や山のパワースポットに興味がある方は、たなべみか著『登拝開運祈願 山伏ガール』（朝日新聞出版）がおすすめです。

MACO　すごいところに行きますね（笑）。

リュウ博士　車で行ったのですが、車でもなかなか難しい道です。たしかに、あそこは行きにくいですね。

MACO　人によってはたどり着けないで帰ると聞きましたよ。

リュウ博士　だから、文字どおり別世界。別次元ですね。日本を霊的エネルギーで支えている重要ポイントの一つだと感じさせてくれます。

まあ、別世界感は三峯に行っても感じることですが、三峯はまだ人が多いほうですから。

MACO　ちょっとポピュラーな感じもありますよね。

リュウ博士　三峯神社には、入り口に鳥居を三つ組み合わせたような独特の鳥居がありますね。

内なる可能性を開く沖縄の御嶽

MACO　これから沖縄の神社にいろいろ行こうと思っています。沖縄はどこがおすすめの神社ですか？　一度は沖縄へは行ったことがあるんですけど。

リュウ博士　沖縄でいうと、琉球八社と呼ばれる、琉球王国から特別な扱いを受けた神社があり、その中で最も代表的なのが、那覇市の波上宮《なみのうえぐう》※。崖の上に立つ人気の神社で、熊野の神様が祀られています。実は沖縄では、熊野信仰が盛んなんです。

あとは、やっぱり斎場御嶽《せーふぁうたき》※（沖縄県南城市）ですかね。

MACO　斎場御嶽は以前に、セミナーで行ったときにお参りしました。御嶽も神社に入ると考えていいんですか？

リュウ博士　地域の守護神なので、氏神様に近い存在とも言えます。自然信仰ですから、神社の原型と考えられるんじゃないでしょうか。

MACO　自然信仰ということ？

リュウ博士　岩や木を神様に見立てているということです。もともと神様が宿るのは岩か木なんですよ。植物か金属（鉱物）に神様は宿る。だから、岩や木に神様を降ろすわけです。

沖縄の御嶽は、降ろすというよりは、すでにもう降りていらっしゃる感じかもしれない。だから、生々しいんです。神様との距離がすごく近い。MACOさん、宮古島《みやこ》にも行かれる予定はありますか？

MACO　これから行きたいと思っているんです。

リュウ博士　ではぜひ、宮古島にも、伊良部島《いらぶ》にも足を伸ばしてください。ただ、誰かガイドを付けてもらったほうがいいと思います。

MACO　自分たちだけで行くのは無理ですか？

リュウ博士　僕も伊良部島でガイドさんを付けてもらったんですが、森の中の道のないところに連れて行かれる。道はあるのですが、そこからいきなり外れるんですよ。道なき道を草をかき分け歩いて、途中で、「あ、これは俺、消されるかもしれない」

リュウ博士の一言

御嶽《うたき》やその周辺には、入ってはいけない場所もあります。その意味でもガイドさんは必須です。

と思いました（笑）。

MACO　そのくらい森の中なんですね（笑）。

リュウ博士　でも、道のないところをずっと踏み込んでいくと、やっぱり御嶽があるんですね。これはわからない。ガイドさんがいなかったら辿り着くことはまず不可能です。

MACO　地図にも載っていないんですか？

リュウ博士　ないものが結構あります。伊良部島とか小さな島なんですけどね。御嶽はたくさんあるのですが、正確な数はわからない。本にも、地図にも一部しか載っていません。

だから御嶽は、詳しい人に教えてもらってお参りするところ。ガイドさんのような、ある種特別な訓練を受けている人じゃないとわからない。

MACO　そういう秘められた場所だからこそ、神様を近くに感じられるんでしょうね。行ってみたいです。

リュウ博士　ええ、どこにあるかわからない「神様の場所」に行くのもおもしろいと思いますよ。

秘められた場所に足を運ぶと、それに対応するかのように自分の内なる可能性も開きます。それは楽しくもあり、怖くもありですが、覚悟を決めた人には大きな宝をもたらすでしょう。

巻末付録

本書に登場する神社ガイド

44 出雲大社……234
45 日御碕神社……235
46 宗像大社……235
47 猿田彦神社（福岡）……235
48 白山神社……235
49 宇佐神宮……236
50 小島神社……236
51 月讀神社（長崎）……236
52 男嶽神社……236
53 女嶽神社……237
54 神龍八大龍王神社……237
55 八大龍王水神……237
56 斎場御嶽……237
57 波上宮……238

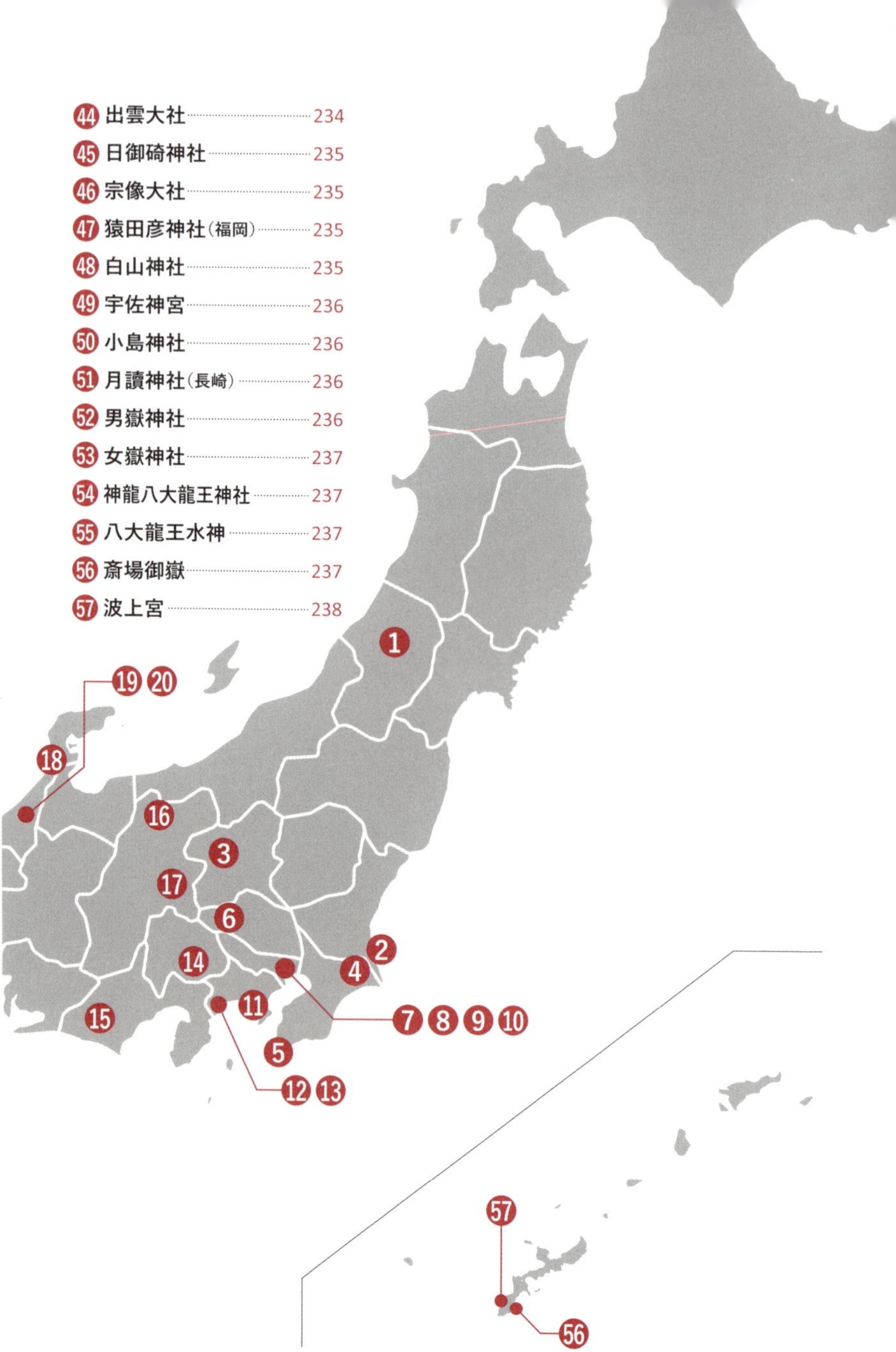

本書掲載 全国神社 索引MAP

対談中に登場した神社の所在地を
北から南にマップ上で表示しています。
ほぼ同じ地域の神社はまとめて表示しています。

1 出羽三山神社……224
2 鹿島神宮……224
3 榛名神社……224
4 香取神宮……224
5 安房神社……225
6 三峯神社……225
7 東郷神社……225
8 明治神宮……225
9 東京大神宮……226
10 小網神社……226
11 江島神社……226
12 九頭龍神社(本宮)……226
13 箱根神社……227
14 新屋山神社……227
15 秋葉神社……227
16 戸隠神社……227
17 諏訪大社……228
18 氣多大社……228
19 白山比咩神社……228
20 金劔宮……228
21 椿大神社……229
22 伊勢神宮(内宮・外宮)……229
23 月讀宮……229
24 月夜見宮……229
25 猿田彦神社(和歌山)……230
26 産田神社……230
27 竹生島神社……230
28 白鬚神社……230
29 貴船神社……231
30 八坂神社……231
31 河合神社……231
32 下鴨神社……231
33 月讀神社(京都)……232
34 松尾大社……232
35 春日大社……232
36 大神神社……232
37 玉置神社……233
38 熊野本宮大社……233
39 熊野速玉大社……233
40 熊野那智大社……233
41 淡嶋神社……234
42 耳明神社……234
43 嚴島神社……234

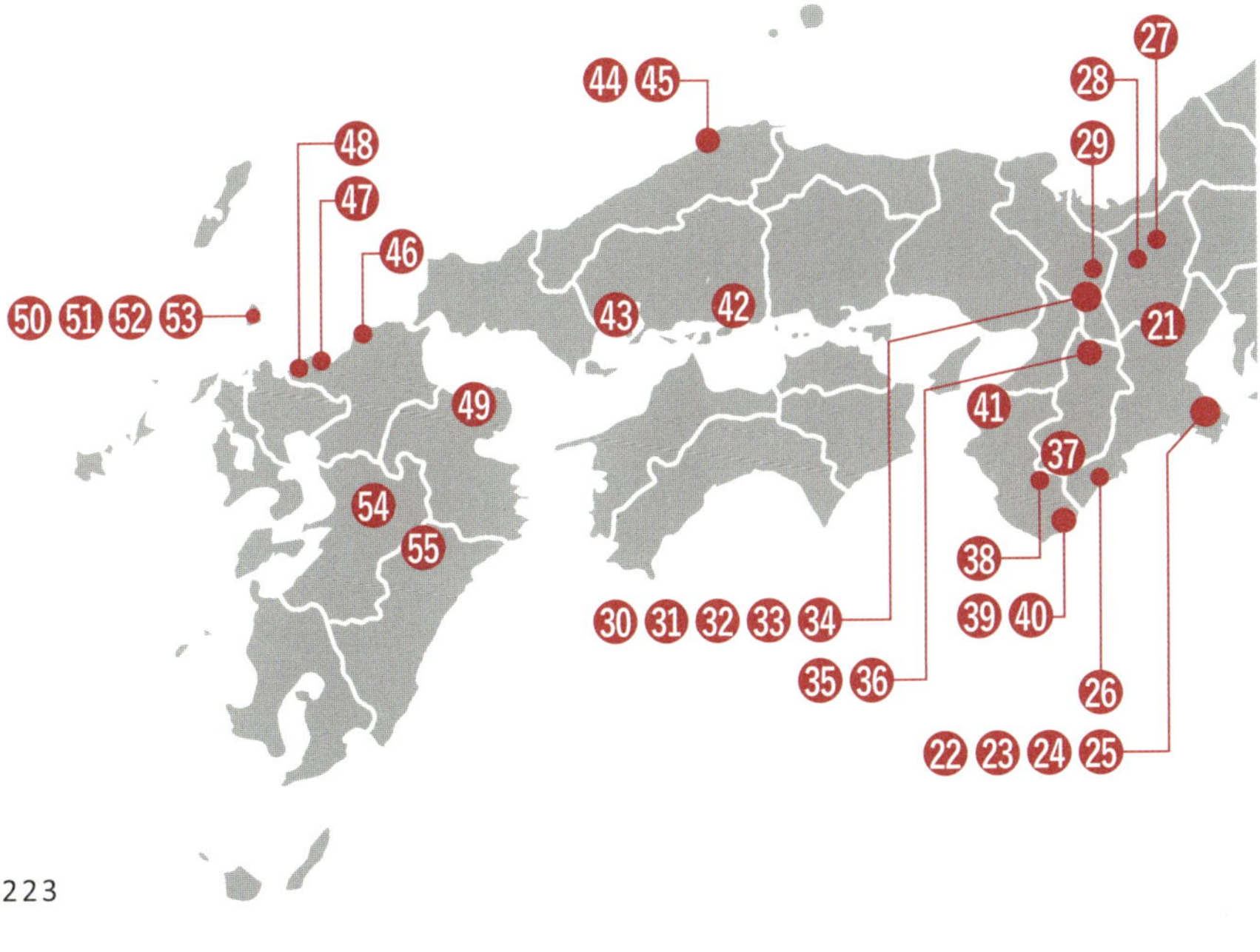

修験の霊峰に鎮座する三つの神社

❶ 出羽三山《でわさんざん》神社

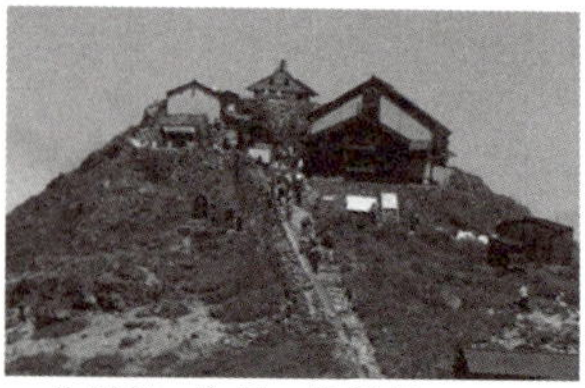

羽黒山《はぐろさん》、月山《がっさん》、湯殿山《ゆどのさん》に鎮座する出羽《いでは》神社、月山神社、湯殿山神社の総称。この三山をめぐり神仏へ祈りをささげると、現在・過去・未来、死と再生をたどり、生まれ変わることができるといわれています。

冬期は月山と湯殿山へ登拝ができないので、羽黒山に三山の神を祀った三神合祭殿があります。

住所　山形県鶴岡市羽黒町手向字手向7
主な御祭神　稲倉魂命《うかのみたまのみこと》、月読命《つくよみのみこと》、大山祇命《おおやまづみのみこと》

最強の武神を祀る関東屈指の古社

❷ 鹿島《かしま》神宮

重要文化財を多く有し、格式高い、関東地方屈指の古社。御祭神の武甕槌大神《たけみかづちのおおかみ》は、天照大神《あまてらすおおみかみ》の命を受け、地上を平定。統治権を天照大神の子孫に譲る「国譲り」を大国主命《おおくにぬしのみこと》に認めさせた最強の武神です。

勝利の神様として、スポーツ選手などが必勝祈願の参拝に来ることも多い神社です。

住所　茨城県鹿嶋市宮中2306-1
主な御祭神　武甕槌大神《たけみかづちのおおかみ》

榛名の気に満ちた願望実現の社

❸ 榛名《はるな》神社

御祭神は火を司る神様の火産霊神《ほむすびのかみ》。榛名山の中腹に鎮座し、願望実現のための強力なパワースポットです。神仏習合の山岳信仰の霊場で、榛名山と榛名湖の気が交わり、文武両道のパワーが漲《みなぎ》っています。

清流沿いに700mも続く参道や空を覆う老杉、巨大な岩など大自然の霊力は圧巻です。

住所　群馬県高崎市榛名山町849
主な御祭神　火産霊神《ほむすびのかみ》、埴山毘売神《はにやまひめのかみ》

関東の東を守る東国三社のひとつ

❹ 香取《かとり》神宮

全国約400社ある香取神社の総本社で、茨城県の鹿島神宮・息《いき》栖《す》神社と並ぶ東国三社のひとつ。鹿島神宮とともに関東の東を護る地域全体の守護神なのです。

御祭神の経津主大神《ふつぬしのおおかみ》は日本書紀にも登場する武術の神様で、勝運・仕事運・道開き・交通安全・災難除けなどのご利益があるとされています。

住所　千葉県香取市香取1697-1
主な御祭神　経津主大神《ふつぬしのおおかみ》

❺ 安《あ》房《わ》神社

多くの経営者が訪れる金運神社

上の宮の天太玉命《あめのふとだまのみこと》は「産業やあらゆるものを創り出す神」、下の宮の天富命《あめのとみのみこと》は「開拓の神」として有名で、心願成就や必勝祈願のご利益があります。

日本列島を龍の形になぞらえると、玉を持つ爪の部分にあたることから「つかんだ運は離さない」から転じて、金運神社として多くの経営者が訪れています。

住所　千葉県館山市大神宮589
主な御祭神　天太玉命《あめのふとだまのみこと》、天富命《あめのとみのみこと》、市杵島姫命《いちきしまひめのみこと》

❻ 三《みつ》峯《みね》神社

秩父の山間に座す関東屈指のパワースポット

関東屈指のパワースポットといわれ、秩父の山々の強く激しい気が漲っています。強い意志のある経営者や自営業者におすすめです。仕事運・金運・心身浄化などのご利益があります。

極真空手の創始者の大山倍達が修行し、宮本武蔵が二刀流を開眼したという伝説から、武道の神様の神社ともいわれています。

住所　埼玉県秩父市三峰298-1
主な御祭神　伊弉諾尊《いざなぎのみこと》、伊弉册尊《いざなみのみこと》

❼ 東《とう》郷《ごう》神社

世界から尊敬される東郷平八郎が御祭神

賑《にぎ》やかな東京の原宿にあるとは思えないほど、豊かな緑と静寂に包まれています。

日露戦争で連合艦隊司令長官として、空前の完全勝利を成し遂げた東郷平八郎が祀られています。そのため、勝利の神様、至誠の神様といわれ、多くのアスリートも訪れる勝運パワーの強い神社なのです。

住所　東京都渋谷区神宮前1-5-3
主な御祭神　東郷平八郎命《とうごうへいはちろうのみこと》

❽ 明《めい》治《じ》神宮

参拝者数、日本一恋愛成就のご利益も

明治天皇と昭憲皇太后《しょうけんこうたいごう》ご夫妻が祀られています。生前、お二人は仲睦まじかったことから恋愛成就や良縁運のご利益があるといわれています。

永遠の森を目指してつくった人工の森は、自然のエネルギー、癒やしや浄化・再生のパワーがそろう都内唯一の場所で、強力なパワースポットでもあります。

住所　東京都渋谷区代々木神園町1-1
主な御祭神　明治天皇、昭憲皇太后《しょうけんこうたいごう》

9 東京大《とうきょうだい》神宮

女性が注目する縁結びの神社

万物に恵みを与える天照皇大神《あまてらすすめおおかみ》、衣食住の守護神、豊受大神《とようけのおおかみ》、絶世の美女といわれる倭比賣命《やまとひめのみこと》や結びの働きを司る造化《ぞうか》の三神が祀られています。そのため縁結び神社として注目されています。

天照皇大神のご神徳は広大で、家内安全・商売繁盛・厄除開運・交通安全・学業成就などにもご利益があり、女性に人気です。

住所　東京都千代田区富士見2-4-1

主な御祭神　天照皇大神《あまてらすすめおおかみ》、豊受大神《とようけのおおかみ》、倭比賣命《やまとひめのみこと》

10 小網《こあみ》神社

東京の銭洗い弁天 強運・金運をもたらす

決して大きくはありませんが、強運・厄除けの神社として人気を集めています。それは東京大空襲の際に、周囲が焼け野原になっていたのにもかかわらず、境内は戦火を免れたから。

東京銭洗い弁天とも呼ばれ、この井戸で小銭を洗って財布に入れると金運がアップするといわれています。

住所　東京都中央区日本橋小網町16-23

主な御祭神　倉稲魂神《うがのみたまのかみ》、市杵島比賣神《いちきしまひめのかみ》、福禄寿《ふくろくじゅ》

11 江島《えのしま》神社

三姉妹の女神が 金運・財運を招く

日本三大弁財天のひとつといわれる江島神社は、「辺津宮《へつみや》」、「中津宮《なかつみや》」「奥津宮《おくつみや》」の三社からなる神社です。それぞれに航海・交通安全の神様として知られる田寸津比賣命《たぎつひめのみこと》、市寸島比賣命《いちきしまひめのみこと》、多紀理比賣命《たきりひめのみこと》の三姉妹の女神様が祀られています。

龍神伝説や金運・財運、縁結びの神様としてのご利益も有名です。

住所　神奈川県藤沢市江の島2-3-8

主な御祭神　多紀理比賣命《たきりひめのみこと》、市寸島比賣命《いちきしまひめのみこと》、田寸津比賣命《たぎつひめのみこと》

12 九頭龍《くずりゅう》神社（本宮）

女性に大人気の 龍神の神社

箱根神社の境外社で、その昔、人々に被害を与えた毒龍に萬巻《まんがん》上人が調伏《ちょうぶく》の祈祷を行ない、芦ノ湖の守護、九頭龍神として蘇らせたという伝説に起因。開運や金運守護、商売繁盛、縁結びの神様として女性に大人気の神社です。

本宮・新宮があり、新宮で汲める龍神水は一切の不浄を洗い清めます。

住所　神奈川県足柄下郡箱根町元箱根防ケ沢（箱根樹木園内）

主な御祭神　九頭龍大神《くずりゅうのおおかみ》

芦ノ湖上に立つ朱色の鳥居で有名

⑬ 箱根《はこね》神社

関東の総鎮守として尊崇されてきた名社で、長野県駒ケ岳の箱根元宮と併せて参拝すると、出世や願望実現、縁結び、そして健康運まで、バランスよくご利益を受けられるといわれます。

芦ノ湖の湖上に立つ「平和の鳥居」からつながる石段の参道は、龍道と呼ばれ、浄化力が高いので歩くだけで気持ちがいい。

住所　神奈川県足柄下郡箱根町元箱根80-1
主な御祭神　瓊瓊杵尊《ににぎのみこと》、木花咲耶姫《このはなさくやひめの》命《みこと》、彦火火出見尊《ひこほほでみのみこと》

富士山のパワーを秘めた金運の神様

⑭ 新屋山《あらややま》神社

古くから山を護る神、産業の神として信仰され、本宮と、車で30分ほど離れた富士山の二合目にある奥宮をお参りすることで金運のご利益も得られるとされています。

本宮には御神石があり、神様に願い事が叶うかお伺いします。奥宮には環状列になった石があり、ここを回ると願いが叶うといいます。

住所　山梨県富士吉田市新屋山神河原1230
主な御祭神　大山祇命《おおやまつみのみこと》、天照皇大《あまてらすすめおお》神《かみ》、木花開耶姫命《このはなさくやひめのみこと》

東海随一の霊山に座す上社と下社

⑮ 秋葉《あきば》神社

祀られているのは火の神様、火《ひ》之迦具土大神《のかぐつちのおおかみ》。火は人間の活動範囲を広め、その熱は寒さを退け、食生活を豊かにし、工業や化学の源となるものです。

火の幸を恵み、悪火を鎮め、諸厄諸病を祓い除く火防開運の神社として、火災消除・家内安全・厄除開運・商売繁盛・工業発展と幸せをもたらしてくれます。

住所　静岡県浜松市天竜区春野町領家841
主な御祭神　火之迦具土大神《ひのかぐつちのおおかみ》

修験の霊山に点在する五つの神社

⑯ 戸隠《とがくし》神社

奥社《おくしゃ》・中社《ちゅうしゃ》・宝光社《ほうこうしゃ》・九頭龍《くずりゅう》社《しゃ》・火之御子社《ひのみこしゃ》の五社から成り、個性豊かな神様がいます。

奥社の天手力雄命《あめのたぢからおのみこと》は、天照大神がこもった岩戸をこじ開けたという神話が有名で開運、中社は学業成就・家内安全、九頭龍神社は縁結び、火之御子社は芸能上達、宝光社は安産などのご利益があります。

住所　長野県長野市戸隠3506
主な御祭神　天手力雄命《あめのたぢからおのみこと》、天八意《あめのやごころ》思兼命《おもいかねのみこと》、天表春命《あめのうわはるのみこと》、九頭《くず》龍大神《りゅうのおおかみ》、天鈿女命《あめのうずめのみこと》

⑰ 諏訪《すわ》大社

武勇の神様を祀る諏訪神社の総本社

長野県の諏訪湖周辺に四つの宮をもち、全国にある諏訪神社の総本社です。武勇の神様の建御名《たけみなか》方神《たのかみ》は国譲りに反対して、武甕《たけみか》槌神《づちのかみ》に挑戦。敗れて諏訪まで逃げたといいます。八坂刀売神《やさかとめのかみ》はその妃《きさき》神です。

七年ごとの神事、御柱祭《おんばしらさい》でも有名で、勝運・縁結び・子授けのご利益もあるといわれています。

住所　長野県諏訪市中洲宮山1（上社本宮）、茅野市宮川2030（上社前宮）、下諏訪町193（下社春宮）、下諏訪町5828（下社秋宮）
主な御祭神　建御名方神《たけみなかたのかみ》、八坂刀売神《やさかとめのかみ》

⑱ 氣多《けた》大社

全国から人が集まる縁結びの神様

御祭神は大己貴命《おおなむちのみこと》（大国主《おおくにぬしの》命《みこと》）。文字通り氣が多く集まる神社で、縁結びの神様として全国各地から多くの人が訪れます。拝殿で神楽をあげ、ご祈祷する月次祭の「ついたち結び」はとくに人気。

縁結び専用の祈願所「気麗《きれい》むすびどころ」では、ハート形の絵馬に願いを書いてお守りをもらい、お祓いを受けます。

住所　石川県羽咋市寺家町ク1-1
主な御祭神　大己貴命《おおなむちのみこと》

⑲ 白山比咩《しらやまひめ》神社

全国に約3000社ある白山神社の総本宮

全国にある白山神社の総本宮です。御祭神で妻の伊弉冉尊《いざなみのみこと》が亡くなると、伊弉諾尊《いざなぎのみこと》は彼女に会いに黄泉の国に向かいました。

しかし、かつて美しかった妻の姿は変わり果て、こんなはずではないと言い争う二人を仲直りさせたのが菊理媛尊《くくりひめのみこと》です。以来、縁結びの神様、和合の神様とされています。

住所　石川県白山市三宮町ニ105-1
主な御祭神　菊理媛尊《くくりひめのみこと》、伊弉諾尊《いざなぎのみこと》、伊弉冉尊《いざなみのみこと》

⑳ 金劔宮《きんけんぐう》

経営者から愛される事業発展・金運の神様

本宮である白山比咩《しらやまひめ》神社、三宮、岩本とともに白山《はくさん》神社の本宮四社のひとつです。御祭神の瓊瓊《にに》杵尊《ぎのみこと》、大國主神《おおくにぬしのかみ》、大山咋命《おおおやまくいのみこと》は事業を発展させる生業繁盛の神、事《こと》代主神《しろぬしのかみ》、猿田彦神《さるたひこのかみ》は自分の最善の選択ができ、身命の守護の利益があるといわれます。

最近では金運の神様として、経営者が足しげく通う神社です。

住所　石川県白山市鶴来日詰町巳118-5
主な御祭神　瓊瓊杵尊《ににぎのみこと》、大國主神《おおくにぬしのかみ》、大山咋命《おおおやまくいのみこと》、日本武命《やまとたけるのみこと》、事代主《ことしろぬしの》神《かみ》、猿田彦神《さるたひこのかみ》

㉑ 椿大神社《つばきおおかみやしろ》

導きの神様・猿田彦の大本宮

祀られている猿田彦大神《さるたひこのおおかみ》は天孫降臨の際に天皇家の祖とされる瓊瓊杵尊《ににぎのみこと》を高千穂へと導《みちび》いた神様で、導きの神様といわれます。

社殿の隣には、別宮で椿岸《つばきぎし》神社があり、芸能の神様として有名な猿田彦大神の妻神・天之鈿女命《あめのうずめのみこと》が祀られ、芸の道を志す人々が多く参拝に訪れる聖地となっています。

住所　三重県鈴鹿市山本町1871
主な御祭神　猿田彦大神《さるたひこのおおかみ》、瓊瓊杵尊《ににぎのみこと》
天之鈿女命《あめのうずめのみこと》、太玉命《ふとだまのみこと》、天之児屋根命《あめのこやねのみこと》

㉒ 伊勢《いせ》神宮（内宮《ないくう》・外宮《げくう》）

内宮と外宮が中心　全国の神社の本宗

正式名称は「神宮」。125の宮社からなる全国の神社の本宗です。外宮には衣食住や産業などの豊かさを司る豊受大御神《とようけおおみかみ》が、内宮には太陽の神である天照大御神《あまてらすおおみかみ》が祀られていて広大な御加護をいただいています。

個人的な祈願ではなく、日ごろのお礼を伝えに参拝に行くといいでしょう。

住所　三重県伊勢市宇治館町1（内宮）、三重県伊勢市豊川町279（外宮）
主な御祭神　天照大御神《あまてらすおおみかみ》、豊受大御神《とようけおおみかみ》

㉓ 月讀宮《つきよみのみや》

月の神様を祀る　神秘に満ちた神社

伊勢神宮の内宮別宮で、内宮と外宮の中間に位置します。神秘的な雰囲気で、ぜひ訪れたい神社のひとつ。

最高神である天照大神《あまてらすおおみかみ》の弟神であり、月の神様である月讀尊《つきよみのみこと》が祀られています。太陽の神である天照大神とともに、昼夜を姉弟で見守ってくれている大変ありがたい存在です。

住所　三重県伊勢市中村町742-1
主な御祭神　月讀尊《つきよみのみこと》

㉔ 月夜見宮《つきよみのみや》

樹齢百年を超える　楠に囲まれた神域

伊勢神宮の外宮の別宮にあり、樹齢百年を超える楠などの木々に囲まれた神域です。

読み方が同じ㉓の月読宮は、月読尊と荒御魂を別々に社殿にお祭りしているのに対して、こちらの宮は、月夜見尊《つきよみのみこと》と月夜見尊荒御《あらみ》魂《たま》（荒々しい神霊）を一つの社殿に合わせてお祀りしているのが大きな違いです。

住所　三重県伊勢市宮後1-3-19
主な御祭神　月夜見尊《つきよみのみこと》、月夜見尊《つきよみのみことの》荒御魂《あらみたま》

人生や物事を良き方向へと導く

25 猿田彦《さるたひこ》神社

伊勢神宮の外宮と内宮を結ぶ途中にあるので併せて参拝するのがおすすめ。道開きの神といわれる猿田彦大神《さるたひこおおかみ》が祀られ、日本神話で天孫降臨の際に、天照大神の命を受けた瓊瓊杵尊《ににぎのみこと》を高千穂へと導いたことに由来しています。

仕事や学業など人生や物事を良い方向へと導いてもらうため多くの参拝者が訪れます。

住所　三重県伊勢市宇治浦田2-1-10
主な御祭神　猿田彦大神《さるたひこおおかみ》

社殿前の石を拾って安産祈願

26 産田《うぶた》神社

伊弉冉尊《いざなみのみこと》とその子の軻遇突智《かぐつちの》神《みこと》を祀った古社です。伊弉冉尊が軻遇突智神を生んで亡くなったとされるのがこの神社。石を囲んだ太古の祭祀台、神籬《ひもろぎ》があります。

安産や子授けで有名で、安産祈願に目をつむって社殿前の石を拾い、丸ければ女の子、長細ければ男の子が無事に産まれてくるとされます。

住所　三重県熊野市有馬町1814
主な御祭神　伊弉冉尊《いざなみのみこと》、軻遇突智神《かぐつちのみこと》

琵琶湖に浮かぶ神々のすむ神社

27 竹生島《ちくぶしま》神社

竹生島《ちくぶしま》は琵琶湖の沖合にある無人島です。長浜、彦根、近江から観光船で参拝へ。琵琶湖に突き出たところに龍神拝所があり、絶景が楽しめます。

江島《えのしま》神社、嚴島《いつくしま》神社と並ぶ三大弁財天のひとつ。土器（かわらけ）に願いを書いて、鳥居へ投げてくぐれば願いが成就するといわれています。

住所　滋賀県長浜市早崎町1821
主な御祭神　市杵島比売命《いちきしまひめのみこと》、宇賀福神《うがふくじん》、浅井比売命《あざいひめのみこと》、龍神《りゅうじん》

朱色の大鳥居が目印延命長寿の神様

28 白髭《しらひげ》神社

御祭神は道開きの神といわれる猿田彦命《さるたひこのみこと》で、福徳開運や縁結び、子授け、交通安全、船舶安全など人生の全ての道案内の神として信仰されています。

祀られている猿田彦命は、白髪で白鬚を蓄えた老人の姿とされることが神社名に由来し、延命長寿の神様としても多くの人が参拝に訪れています。

住所　滋賀県高島市鵜川215
主な御祭神　猿田彦命《さるたひこのみこと》

㉙ 貴船神社《きふねじんじゃ》

縁結びで知られる水の神様

高龗神《たかおかみのかみ》を祀り、水の神様としても有名ですが、出雲《いづも》大社、氣多《けた》神社と並ぶ日本三大縁結びの一社としても人気です。

それは平安時代の歌人、和泉式部《いずみしきぶ》が夫の心変わりに悩んだ際に参拝し、歌を詠んで恋が成就したという言い伝えがあるから。そんなご利益を授けたのが御祭神である磐長姫命《いわながひめのみこと》です。

住所　京都府京都市左京区鞍馬貴船町180
主な御祭神　高龗神《たかおかみのかみ》、磐長姫命《いわながひめのみこと》

㉚ 八坂神社《やさかじんじゃ》

祇園祭でも有名な京都を代表する神社

御祭神は素戔嗚尊《すさのをのみこと》、櫛稲田姫命《くしいなだひめのみこと》で厄除け・疫病退散のご利益があるといわれています。境内には数多くの摂末社があり、美容と芸能、財福のご利益がある美御前社《うつくしごぜんしゃ》や縁結びの神様が祀られている大國主社《おおくにぬししゃ》は女性に人気です。

本殿裏には困難や運を切り開く開運のご利益のある刃物《はもの》神社があります。

住所　京都府京都市東山区祇園町北川625
主な御祭神　素戔嗚尊《すさのをのみこと》、櫛稲田姫命《くしいなだひめのみこと》、神大市比売命《かむおおいちひめのみこと》

㉛ 河合神社《かわいじんじゃ》

鏡絵馬が楽しい日本第一の美麗神

㉜の下鴨神社の摂社のひとつで、女性守護であり、「日本第一の美麗神」とうたう玉依姫命《たまよりひめのみこと》が祀られています。

ここでは手鏡の形をした絵馬に、自分の化粧道具でメイクをして裏に願い事を書く「鏡絵馬」や美肌・美白効果のある「美人水」があり、美しくなりたい切なる女性の願いを叶えてくれるのです。

住所　京都府京都市左京区下鴨泉川町59
主な御祭神　玉依姫命《たまよりひめのみこと》

㉜ 下鴨神社《しもがもじんじゃ》

最も歴史ある古都の世界遺産

本殿の西には導きの神、勝利の神など多方面にご神徳を表す賀茂建角身命《かもたけつぬみのみこと》が、東には水の神、婦道の守護神の玉依姫命《たまよりひめのみこと》が祀られている京都の世界遺産です。

摂社では、㉛の河合《かわい》神社や、男女の結びを象徴する神皇産霊神《かみむすびのかみ》を祀っている相生社《あいおいのやしろ》があり、縁結びや家内安全などのご利益があります。

住所　京都市左京区下鴨泉川町59
主な御祭神　賀茂建角身命《かもたけつぬみのみこと》、玉依姫命《たまよりひめのみこと》

神功皇后ゆかりの子授け・安産の神社

㉝ 月讀《つきよみ》神社

㉞の松尾《まつお》大社の摂社で松尾七社の一社です。境内には神功《じんぐう》皇后ゆかりの安産祈願石「月延石《つきのべいし》」があることから、子授け・安産の神様として崇《あが》められてきました。

また、けがれを除く「解穢《かいわい》」、縁結びの「むすびの木」、学問の神を祀る聖徳太子社、海上交通安全の御船《おふね》社と、さまざまなご利益にあやかることができます。

住所　京都府京都市西京区松室山添町15
主な御祭神　月読尊《つきよみのみこと》

酒造家が尊崇するお酒の神様

㉞ 松尾《まつお》神社

松尾《まつお》山の頂上に近い磐座《いわくら》に祀られていた山霊を社殿に移したのが始まりとされます。大山咋《おおやまぐいの》神《かみ》は山の神、土地の守護、酒造の神様。市杵島姫命《いちきしまひめのみこと》は海上の守護の神といわれ、この二神が御祭神です。

この地では亀と鯉は神の使いとあがめられ、幸運の撫《な》で亀と双鯉の像があります。

住所　京都府京都市西京区嵐山宮町3
主な御祭神　大山咋神《おおやまぐいのかみ》、市杵島姫命《いちきしまひめのみこと》

藤原氏の氏神を祀る世界遺産の社

㉟ 春日《かすが》大社

世界遺産に認定され、藤原氏の氏神を祀るために建てられた神社です。境内は古くから神域とされていた御蓋《みかさ》山の一帯に広がり、神の使いとされる鹿があちこちに。

社殿は朱塗り。中門・御廊から、四柱の神を配した四つある本殿を参拝することで、開運厄除・仕事運UP・学業成就・縁結びなどのご利益があります。

住所　奈良県奈良市春日野町160
主な御祭神　武甕槌命《たけみかづちのみこと》、経津主命《ふつぬしのみこと》、天児屋根命《あめのこやねのみこと》、比売神《ひめがみ》

三輪山を御神体とする日本最古の神社

㊱ 大神《おおみわ》神社

背後に広がる神が宿る山、三輪《みわ》山《やま》が御神体で、拝殿のみで本殿がないのが特徴です。三輪山の山頂には、国造りの神様、人間世界の守護神である大物主大神《おおものぬしのおおかみ》が鎮座。そのご利益は商売繁盛・金運・健康運・仕事運など。

日本最古の神社のひとつで、神杉には大物主大神の化身である白蛇が棲むといわれています。

住所　奈良県桜井市三輪1422
主な御祭神　大物主大神《おおものぬしのおおかみ》

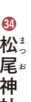

37 玉置《たまき》神社

大峰山系に鎮座する神秘の神社

大峰《おおみね》山系の霊峰、標高1076mの玉置山の山頂近くにあり、2000年以上も続く歴史があります。崇神《すじん》天皇の時代に、火防鎮護と悪魔退散のために創建されたといいます。

ご利益は開運厄除・出世・悪霊退散・縁結び・商売繁盛・家内安全など。神社の周囲の夫婦《めおと》杉、磐余《ゆわれ》杉などの巨木も圧巻です。

住所　奈良県吉野郡十津川村玉置川1

主な御祭神　国常立尊《くにとこたちのみこと》、伊弉諾尊《いざなぎのみこと》、伊弉冊尊《いざなみのみこと》、天照大御神《あまてらすおおみかみ》、神日本磐余彦尊《かむやまといわれひこのみこと》

38 熊野《くまの》本宮《ほんぐう》大社

古来より参詣される熊野神社の総本宮

熊野速玉《くまのはやたま》大社、熊野那智《くまのなち》大社とともに熊野三山とも呼ばれます。古来より上皇、法皇から庶民まで参詣した熊野信仰の聖地で、それぞれ熊野古道によって結ばれています。全国に4700社以上ある熊野神社の総本宮です。

蘇《よみがえ》りの聖地ともいわれ、ご利益は、再生・蘇りで、転じて大願成就、開運招福です。

住所　和歌山県田辺市本宮町本宮

主な御祭神　家都美御子大神《けつみみこのおおかみ》、素戔鳴尊《すさのおのみこと》

39 熊野《くまの》速玉《はやたま》大社

樹齢千年のナギは熊野権化の象徴

御祭神である熊野速玉大神《くまのはやたまのおおかみ》は、衆生の苦しみや病気を癒やす薬師如来《やくしにょらい》として過去世の救済を、熊野夫須美大神《くまのふすみのおおかみ》は衆生を漏らさず救済する千手観音菩薩《せんじゅかんのんぼさつ》として現世利益を授けてくれます。

また、熊野権化の象徴とされた樹齢千年のナギの実で作られた「なぎまもり」は忘れずに頂いて帰りたいものです。

住所　和歌山県新宮市新宮1

主な御祭神　熊野夫須美大神《くまのふすみのおおかみ》、熊野速玉大神《くまのはやたまのおおかみ》

40 熊野《くまの》那智《なち》大社

古くから信仰される那智の滝

那智山の中腹に位置し、玉垣《たまがき》内には正面に五殿あって熊野夫須美大神《くまのふすみおおかみ》が祀られ、御社殿がひときわ存在感があります。ご神徳は結宮《むすびのみや》とされ、人の縁や様々な願いを結ぶ宮として崇められました。

拝殿の奥に延命息災を祈る人が多く訪れる、落差日本一の那智の滝があり、熊野の大自然を存分に味わえます。

住所　和歌山県東牟婁郡那智勝浦町那智山1

主な御祭神　熊野夫須美大神《くまのふすみおおかみ》

人形供養で有名な女性のための神社

41 淡嶋《あわしま》神社

御祭神である少彦名命《すくなひこなのみこと》は医薬の神であることから婦人病や子授け・安産を祈願する神社として知られていて自分の下着を奉納する女性が多くいます。

また、人形供養の神社としても有名で、境内にはひな人形やフランス人形、信楽焼の狸、招き猫など無数の人形や置物が奉納されています。

住所　和歌山県和歌山市加太116
主な御祭神　少彦名命《すくなひこなのみこと》、大己貴命《おほなむじのみこと》、息長足姫命《おきながたらしひめのみこと》

耳のご祈祷ができる日本で唯一の耳の神社

42 耳明《みみご》神社

瀬戸内海に浮かぶ因島《いんのしま》の大山《おおやま》神社の摂社で、「耳明《みみご》さん」と愛称される日本で唯一、耳のご祈祷ができる神社。サザエの殻の中にお酒と米を入れてお供えすると願いが叶うという神事があります。

「耳明さん」は、耳を明るくして人の言うことを聞くと、道が開ける開運の神様としても信仰されています。

住所　広島県尾道市因島土生町1424-2
主な御祭神　天児屋根命《あめのこやねのみこと》、藤原泰高《ふじわらやすたかの》命《みこと》

社殿が美しい嚴島神社の総本社

43 嚴島《いつくしま》神社

全国に約500あるといわれる嚴島《いつくしま》神社の総本社となります。広島県宮島《みやじま》にあり、境内の沖合に立つ朱色の大鳥居がシンボルの世界遺産です。潮が満ちてくると社殿がまるで海に浮かんでいるかのような美しい神社で見るだけでも癒やされます。

三姉妹の女神が祀られていて日本三大弁財天のひとつです。

住所　広島県廿日市市宮島町1-1
主な御祭神　市杵島姫命《いちきしまひめのみこと》、田心姫《たごりひめの》命《みこと》、湍津姫命《たぎつひめのみこと》

神話の国・出雲の縁結びの神様

44 出雲大社《いずもおおやしろ》

大社の総称社で伊勢神宮と並ぶ古社です。本殿は日本最古の神社建築の様式である大社造りで国宝指定。祀られている大国主《おおくにぬしの》大神《おおかみ》は多くの子宝に恵まれたことから、縁結びの神、幸福の神として信仰されています。

縁結びのご利益は男女間だけでなく、人々を取り巻くあらゆるご縁をもたらしてくれます。

住所　島根県出雲市大社町杵築東195
主な御祭神　大国主大神《おおくにぬしのおおかみ》

島根半島の西端で日本の夜を守る神社

45 日御碕《ひのみさき》神社

鳥居を抜けて楼門をくぐると、素盞嗚尊《すさのおのみこと》を祀る神の宮と、天照《あまてらす》大御神《おおみかみ》を祀る日沈宮《ひしずみのみや》があります。日沈宮の名前の由来は、伊勢神宮が「日本の昼を守る」に対して、「日本の夜を守れ」との勅命を受けた神社だといわれます。

ご利益は縁結び、夫婦円満、家運繁栄、交通・海上安全、殖産興業、安産などです。

住所　島根県出雲市大社町日御碕455
主な御祭神　素盞嗚尊《すさのおのみこと》、天照大御神《あまてらすおおみかみ》

三女神のご神徳は海上・交通安全

46 宗像《むなかた》大社

田心姫神《たごりひめのがみ》は沖津宮《おきつぐう》、湍津姫神《たぎつひめのがみ》は中津宮《なかつぐう》、市杵島姫神《いちきしまひめのがみ》は辺津宮《へつぐう》に祀られ、三宮を総称して宗像大社。沖津宮のある沖ノ島は一般人の立ち入りが制限された聖地。

日本書紀には宗像三女神が国民のあらゆる道を導いた最も尊い神と記されています。そのため「道主貴《みちぬしのむち》」とされ、海上・交通安全祈願で多くの人が訪れます。

住所　福岡県宗像市田島2331
主な御祭神　田心姫神《たごりひめのがみ》、湍津姫神《たぎつひめのがみ》、市杵島姫神《いちきしまひめのがみ》

あらゆる災難が去る導きの神様の社

47 猿田彦《さるたひこ》神社

導きの神として有名な猿田彦《さるたひこの》大神《おおかみ》が祀られています。〝猿〟の文字がつくことから庚申《こうしん》信仰と結びつき、60日ごとの庚申《かのえさる》の日に祭りを行なっています。

ご神徳は〝猿〟にちなみ、「苦難が去る」「難を逃れる」から転じて幸福が訪れる、また猿は木から落ちないために受験生の合格祈願として広まっています。

住所　福岡県福岡市早良区藤崎1-1-41
主な御祭神　猿田彦大神《さるたひこのおおかみ》

福岡で拝崇される縁結びの女神

48 白山《はくさん》神社

870年の歴史があるといわれている白山神社は石川県の白山比咩神社が本宮。日本書紀によると、伊弉諾尊《いざなぎのみこと》と伊弉冉尊《いざなみのみこと》が口論となったところに現れた菊理姫命《くくりひめのみこと》が何かを耳打ちすると事なきを得たとあります。

このことより、糸をくくり整えるように、物事をむすぶ縁結びの神として祀られています。

住所　福岡県糸島市二丈福井4909
主な御祭神　菊理姫命《くくりひめのみこと》、伊弉諾尊《いざなぎのみこと》、伊弉冉尊《いざなみのみこと》

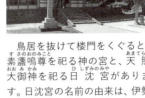

皇室ゆかりの八幡社の総本宮

49 宇《う》佐《さ》神宮

全国にある八幡社の総本宮です。本殿の一之御殿には八幡大神《はちまんおおかみ》、二之御殿には比売大神《ひめおおかみ》、三之御殿には神功皇后《じんぐうこうごう》が祀られています。厄除開運や家内安全、交通安全、学問・芸術の上達、財運、安産など総合的なご利益があります。

境内の菱形池一帯は、八幡大神が顕現された神域で、パワースポットとしても有名です。

住所　大分県宇佐市南宇佐2859

主な御祭神　八幡大神《はちまんおおかみ》、比売大神《ひめおおかみ》、神功皇后《じんぐうこうごう》

恋愛が成就する日本のモンサンミッシェル

50 小《こ》島《じま》神社

長崎県壱岐《いき》市芦辺《あしべ》町の岸から150mほど沖にある小さな島にある神社。干潮のときのみは海が割れて参道が現れ、満潮時は島に変わることから日本のモンサンミッシェルと呼ばれる神秘的な神社です。

恋愛成就のほかにも、五穀豊穣、安産などのご利益もあるといわれています。

住所　長崎県壱岐市芦辺町諸吉二亦触1969

主な御祭神　素盞嗚尊《すさのおのみこと》

万物に神徳をもたらす月を司る神

51 月讀《つきよみ》神社

月讀命《つきよみのみこと》、月夜見命《つきよみのみこと》、月弓命《つきよみのみこと》の三柱が祀られていますが、いずれも同神とされています。古くは「山の神」と言われていました。

神社名に由来し、ご利益は暦・潮の干満など月にまつわるすべての行ないです。安産や健康、病気平癒などの生命の誕生、漁業の繁栄、農業の繁栄、商売繁盛などとされています。

住所　長崎県壱岐市芦辺町国分東触464

主な御祭神　月讀命《つきよみのみこと》、月夜見命《つきよみのみこと》、月弓命《つきよみのみこと》

御神体の山に並んだ300を超える石猿

52 男嶽《おんだけ》神社

九州の北方、南北17㎞、東西14㎞の壱岐島の鬼門となる男岳《おんだけ》に鎮座しています。明治時代までは、一般人の入山が許されない、山全体が御神体とされていた神聖な場所。導きの神である猿田《さるた》彦命《ひこのみこと》を祀っています。

猿田彦命にちなみ、約300体を超える石猿と約60もの石牛が並んでいます。

住所　長崎県壱岐市芦辺町箱崎本村触1678

主な御祭神　猿田彦命《さるたひこのみこと》

53 女嶽神社《めんだけじんじゃ》

御身体の巣食石は強力なパワースポット

㊾の猿田彦を祀る男嶽《おんだけ》神社と夫婦《めおと》神社となり、天鈿女命《あめのうずめのみこと》を祀っています。天岩戸に隠れてしまった天照大神《あまてらすおおみかみ》を誘い出すため、天《あめの》鈿女命《うずめのみこと》は大胆な踊りで場を盛り上げた芸能の女神です。

特徴は御神体である巣食石《すくひいし》。コンパスの針が正常に動かないほど磁場が強く、パワースポットとして注目を浴びています。

住所　長崎県壱岐市芦辺町箱崎釘ノ尾触135

主な御祭神　天鈿女命《あめのうずめのみこと》

54 神龍八大龍王《しんりゅうはちだいりゅうおう》神社

宇宙最高神の強力なパワー

竜門ダムの下に位置し、美しい竹林の中の石段を下るとひっそりたたずむ社殿があります。ここに祀られている八大龍王《はちだいりゅうおう》は、宇宙最高の神で、世界平和を祈念し、この地に降りて来たそうです。

参拝の際は真心で「おんめいきやしやにえいそわか」と唱えると、苦難・病難を退け、願望が叶うといわれます。

住所　熊本県菊池市龍門643

主な御祭神　八大龍王《はちだいりゅうおう》

55 八大龍王水神《はちだいりゅうおうすいじん》

成功を後押しする八大龍王の霊力

勝利や成功を願うスポーツ選手や経営者が足しげく通うことで話題の神社です。自然を司る神として雨乞いや河川氾濫《はんらん》の防止などの願いを捧げられてきたのが御祭神の八大龍王水神《はちだいりゅうおうすいじん》です。

境内には御神水を湛えた井戸があり、ご利益を授かりたいとアクセサリーや硬貨を洗う人も多くいます。

住所　宮崎県西臼杵郡高千穂町大字岩戸6521

主な御祭神　八大龍王水神《はちだいりゅうおうすいじん》

56 斎場御嶽《せーふぁーうたき》

琉球で最も尊ばれる聖なる空間

斎場《せーふぁー》は最高位を意味し、御嶽《うたき》とは、南西諸島に広く分布している聖地の総称で、琉球王国最高の聖地です。御嶽には神社仏閣のような建物はなく、香炉が置かれた拝所《うがんじゅ》があります。

日々の祈りを捧げたり、神事を執り行なったりします。ご利益のためというよりは、心を浄化するために祈る人が多いのです。

住所　沖縄県南城市知念字久手堅455

主な御祭神　琉球神話の神

断崖上に鎮座する
朱塗りの本殿

57

波上宮《なみのうえぐう》

本殿は崖上に建てられ、琉球王国の王府から特別扱いを受けた琉球八社の中でも最も格式が高い神社です。遥か昔、海神の国（ニライカナイ）の神々に豊漁と豊穣に恵まれた平穏な生活を祈ったとされています。

縁結び・安産・旅行安全・子孫繁栄・延命長寿の参拝に多くの人が訪れています。

住所　沖縄県那覇市若狭1-25-11
主な御祭神　伊弉冉尊《いざなみのみこと》、速玉男尊《はやたまをのみこと》、事《こと》解男尊《さかをのみこと》

［製作スタッフ］
カバー・本文デザイン／藤塚尚子（e to kumi）
イラスト／オオノマサフミ
写真／平塚修二
編集協力／川端隆人、峯澤美絵
写真提供／ pixta、八木龍平、MACO、耳明神社、猿田彦神社（福岡）、編集部

［著者紹介］

MACO（マコ）

作家、メンタルコーチ。1970年兵庫県生まれ。20代のころから、自己実現のさまざまな理論について探求や実践をし続け、社会人になってからも働きながら、大学や大学院で学際的に学び続ける。また脳科学、NPL コーチング、各種セラピーなどさまざまなジャンルの知見を深める。その後、ネガティブ思考の強い人でも、どんどん願いを叶えられる法則を体得。現在は執筆活動のほか、全国各地でセミナー・講演会等を行い、常に即日満席の人気ぶりとなっている。
主な著書は『ネガティブがあっても引き寄せは叶う！』（大和書房）、『ネガティブでも叶うすごい「お願い」』（KADOKAWA）、『マイナス思考が最高の幸せを招く「逆」引き寄せの法則』（PHP 研究所）、『マイナス人生が180度変わる！宇宙メンタル』（永岡書店）など多数。

MACO オフィシャルブログ「ネガティブでも叶うすごいお願い」
https://ameblo.jp/hikiyose-senzaiishiki/

八木龍平（やぎ りゅうへい）

社会心理学者／神社の案内人。1975年京都府生まれ。同志社大学経済学部を卒業後、NTT コムウェア勤務を経て、北陸先端科学技術大学院大学より博士号（知識科学）を取得。富士通研究所シニアリサーチャー、北陸先端科学技術大学院大学客員准教授、青山学院大学非常勤講師を歴任したのち、現在、武蔵野学院大学国際コミュニケーション学部兼任講師として「情報リテラシー」を教える。ブログやセミナーでは「リュウ博士」として、神社参拝、和の叡智、スピリチュアルな感覚をトレーニングする方法について発信している。
著書『成功している人は、なぜ神社に行くのか？』『成功している人は、どこの神社に行くのか？』（以上、サンマーク出版）は統計学とスピリチュアルをくみあわせた今までにない切り口が評判を呼び、累計32万部超のベストセラーに。その他、『成功する人が磨き上げている超直感力』（KADOKAWA）などの著書がある。

八木龍平オフィシャルブログ「リュウ博士の自分で考えるスピリチュアル」
https://ameblo.jp/shoutokureiki/

ネガティブでも開運《かいうん》する神社参拝《じんじゃさんぱい》

2019年11月10日　第1刷発行

著者
MACO《マコ》
八木龍平《やぎりゅうへい》
発行者
吉田芳史
DTP
株式会社キャップス
印刷所
株式会社文化カラー印刷
製本所
大口製本印刷株式会社
発行所
株式会社日本文芸社
〒135-0001 東京都江東区毛利2-10-18 OCMビル
TEL.03-5638-1660［代表］
URL　https://www.nihonbungeisha.co.jp/

*

Printed in Japan　112191023-112191023Ⓝ01　(409108)
ISBN978-4-537-26204-9
編集担当・水波 康

内容に関するお問い合わせは、
小社ウェブサイトお問い合わせフォームまでお願いいたします。
URL　https://www.nihonbungeisha.co.jp/